❶ 세계 여러 나라

아하! 세계엔 이런 나라가 있군요

1판 1쇄 인쇄 | 2007. 7. 25.
1판 18쇄 인쇄 | 2024. 11. 11.

지호진 글 | 김재일 그림

발행처 | 김영사
발행인 | 박강휘
등록번호 | 제406-2003-036호
등록일자 | 1979. 5. 17.
주　소 | 경기도 파주시 문발로 197(우 10881)
전　화 | 마케팅부 031-955-3100 편집부 031-955-3113~20
팩　스 | 031-955-3111

ⓒ 2007 지호진, 김재일
이 책의 저작권은 저자에게 있습니다.
서면에 의한 저자와 출판사의 허락없이 내용의 일부를 인용하거나 발췌하는 것을 금합니다.

값은 표지에 있습니다.
ISBN 978-89-349-2612-2 73900

좋은 독자가 좋은 책을 만듭니다. 김영사는 독자 여러분의 의견에 항상 귀 기울이고 있습니다.
전자우편 book@gimmyoung.com | 홈페이지 www.gimmyoung.com

| 어린이제품 안전특별법에 의한 표시사항 | 제품명 도서 　제조년월일 2024년 11월 11일
제조사명 김영사 　주소 10881 경기도 파주시 문발로 197 　전화번호 031-955-3100 　제조국명 대한민국
사용 연령 10세 이상 　⚠주의 책 모서리에 찍히거나 책장에 베이지 않게 조심하세요.

아하! 세계 역사 ❶ 세계 여러 나라

아하! 세계엔 이런 나라가 있군요

지호진 글 | 김재일 그림

주니어김영사

머리말

"아시아에는 어떤 나라가 있지?"

"차도 말고 인도, 중화요리 중국, 일만 하는 일본, 팔이 네 개 네팔!"

"그럼 유럽에는?"

"불난다 프랑스, 여왕이 사는 영국, 그랬어요 그리스, 이따 봐요 이탈리아!"

"그럼 아메리카는?"

"잘살아서 미안한 미국, 니코 내코 멕시코, 올래 갈래 칠레, 우루쾅쾅 우루과이!"

"하하하, 그럼 오세아니아에는?"

"하하 호호 호주, 어질어질 뉴질랜드!"

"와! 우리 작은딸이 아빠보다 세계 여러 나라들을 더 많이 아는걸!"

　7~8년 전쯤, 작은딸 녀석이 유치원을 다니면서 배워 온 세계 여러 나라의 이름입니다. 딸아이는 대륙의 이름을 말하면 자동적으로 척척 재미난 수식어를 붙여서 나라 이름을 대답하곤 했지요. 그 녀석이 커서 벌써 초등학교 6학년이 되었습니다. 그때 외웠던 세계 여러 나라들의 이름은 어렴풋이 기억나는 모양이지만 사회 수업 시간에 세계 여러 나라들에 대해 배우면서 아빠에게 이런 저런 질문을 합니다.

　"아빠, 중국과 일본은 어떤 나라예요?", "미국과 러시아는 우리보다 얼마나 더 커요?", "유럽에서 세계적으로 유명한 문화유산에는 어떤 것들이 있고, 또 어느 나라에 있어요?", "동유럽에 있는 나라들은 어떤 변화를 겪었어요?", "아프리카와 아메리카에는 어떤 나라들이 있어요? 그 나라에도 훌륭한 위인들이 많이 있나요?"

　귀찮을 정도로 많은 딸아이의 질문을 받으면서 어린이들을 위해서 세계 여러 나라들을 소개하는 재미난 책을 꼭 만들어야지 하고 다짐을 했는데 드디어 그 기회를 얻게 되었습니다.

    그동안 우리나라의 역사를 주제별로 엮은 '아하! 우리 역사' 시리즈의 편집자로 출발하여 지은이로 참여하는 지금까지 참으로 벅찬 보람과 기쁨을 느껴왔습니다. 그래서 독자 여러분에게 조금이라도 보답하려는 순수한 열정과 더 재미나고 유익한 역사 시리즈를 만들어 보겠다는 욕심이 있었는데 그 첫 작품으로 《아하! 세계엔 이런 나라가 있군요》를 쓰게 되었습니다.

    이름만 간신히 알고 있는 세계의 여러 나라들을 어떻게 소개할까, 주니어김영사 편집부 식구들, 그림 작가 김재일 선생님과 머리를 싸매고 끙끙 앓다가 우리 어린이들이 꼭 알아야 할, 그래서 모르면 두고두고 서운할 내용들을 중심으로 정리했습니다.

    한 나라의 변함 없는 인상과 특징, 가장 기초적인 정보가 되는 국가의 개요와 국기에 담긴 민족정신, 알콩달콩 재미난 그 나라의 역사, 문화유산이나 특산물 등 그 나라를 대표하거나 상징하는 것들, 역사를 움직이고 사회를 바꾼 그 나라의 인물들의 이야기가 담겨 있습니다.

    이 책이 교과서를 이해하는 자료로 학습에 큰 도움을 줄 뿐만 아니라 세계 여러 나라들을 이해하고 흥미를 갖게 하여 어린이들이 세계를 향해 넓은 꿈을 키우는 데도 작으나마 보탬이 될 것이라고 생각합니다.

    '아하! 세계 역사' 시리즈가 세계 역사를 공부하는 데 머릿돌이 되어 우리 어린이들에게 오랫동안 사랑받는 책이 되었으면 참 좋겠습니다.

지호진

차례

유럽
- 프랑스 ⋯ 008
- 영국 ⋯ 016
- 이탈리아 ⋯ 024
- 독일 ⋯ 032
- 스페인 ⋯ 040
- 러시아 ⋯ 048
- 덴마크 ⋯ 056
- 폴란드 ⋯ 064
- 네덜란드 ⋯ 072

아시아

- 중국 ⋯ 080
- 인도 ⋯ 088
- 일본 ⋯ 096
- 터키 ⋯ 104
- 인도네시아 ⋯ 112
- 이란 ⋯ 119

아프리카

- 이집트 ⋯ 126
- 남아프리카공화국 ⋯ 134

아메리카
- 브라질 ⋯ 142
- 미국 ⋯ 148

오세아니아
- 호주 ⋯ 156

부록 한눈에 보는 세계의 국기 ⋯ 162

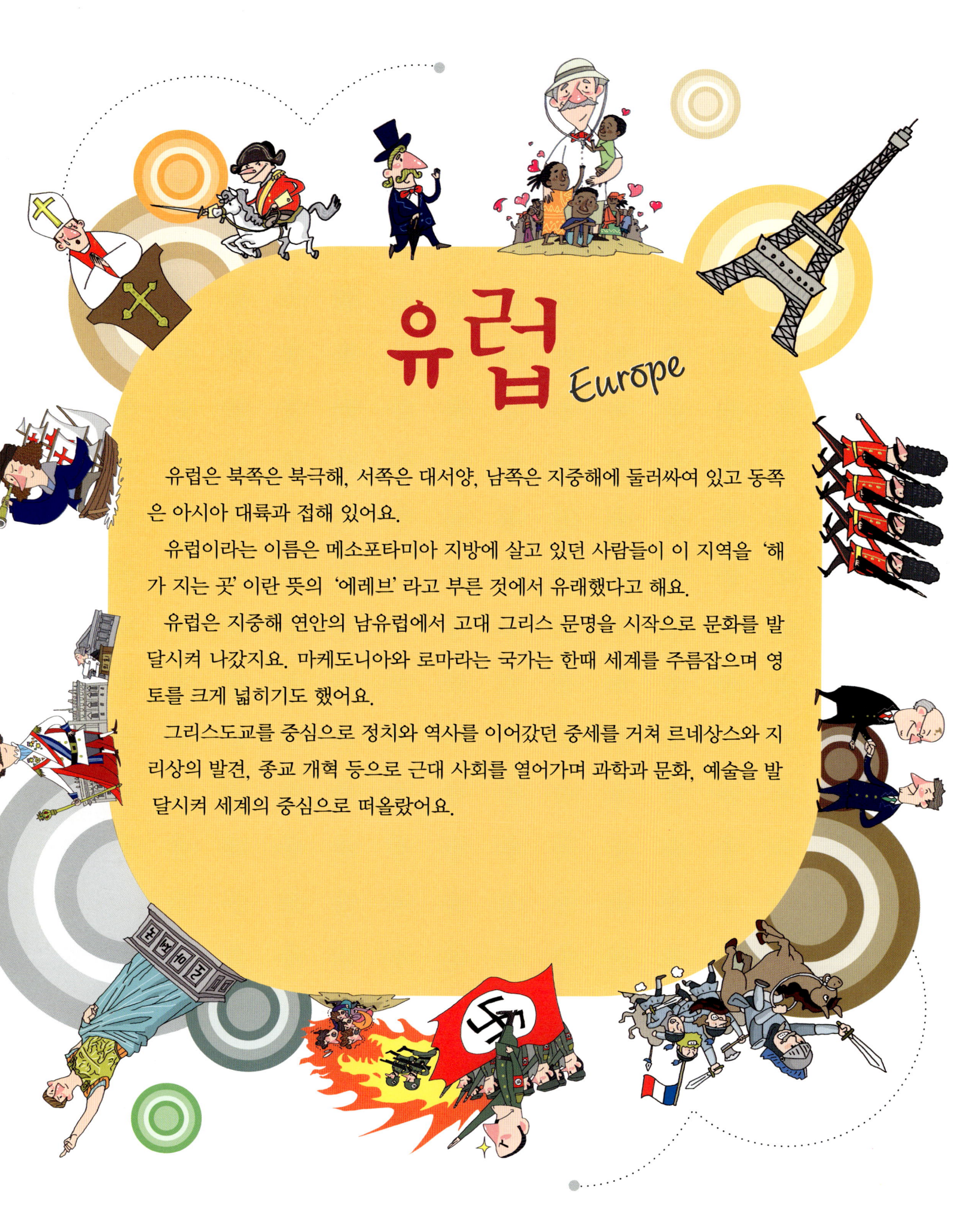

유럽 Europe

유럽은 북쪽은 북극해, 서쪽은 대서양, 남쪽은 지중해에 둘러싸여 있고 동쪽은 아시아 대륙과 접해 있어요.

유럽이라는 이름은 메소포타미아 지방에 살고 있던 사람들이 이 지역을 '해가 지는 곳'이란 뜻의 '에레브'라고 부른 것에서 유래했다고 해요.

유럽은 지중해 연안의 남유럽에서 고대 그리스 문명을 시작으로 문화를 발달시켜 나갔지요. 마케도니아와 로마라는 국가는 한때 세계를 주름잡으며 영토를 크게 넓히기도 했어요.

그리스도교를 중심으로 정치와 역사를 이어갔던 중세를 거쳐 르네상스와 지리상의 발견, 종교 개혁 등으로 근대 사회를 열어가며 과학과 문화, 예술을 발달시켜 세계의 중심으로 떠올랐어요.

프랑스 France

프랑스는 문화와 예술에 대한 자부심이 강한 나라예요. 서유럽에서 가장 넓은 영토를 차지하고 있지요. 프랑스의 국토는 6각형 모양인데, 북동쪽에는 룩셈부르크·벨기에, 북서쪽은 영국 해협, 서쪽은 대서양과 비스케이 만, 남쪽은 스페인·안도라·지중해, 동쪽은 이탈리아·스위스·독일과 접하고 있지요. 나폴레옹이 태어난 지중해의 아름다운 섬, 코르시카도 프랑스의 영토랍니다. 유럽의 중요한 산업 국가인 프랑스는 철강, 화학, 자동차, 비행기, 섬유 산업이 발달했어요. 수도인 파리에는 개선문과 에펠 탑이 우뚝 서 있고 아름다운 센 강이 흐르고 있답니다.

베르사유 궁전
프랑스 대혁명
센 강

소개 및 국기

정식 명칭	프랑스 공화국
위치	서유럽
면적	543,965km²
인구	59,773,000명
언어	프랑스 어
종교	천주교 83%, 기독교 2%, 유대교 2%, 이슬람교 5%
정치	공화제 · 대통령
화폐	유로화
수도	파리

프랑스의 국기는 파랑, 하양, 빨강의 삼색으로 구성되어 삼색기로 불리는데, 이는 자유 · 평등 · 박애를 상징해요. 이 삼색기는 1789년 프랑스 대혁명 당시 국민군 총사령관으로 임명된 라파예트가 시민들에게 나누어 준 모자의 색에서 유래했어요. 나폴레옹 황제가 워털루 전투에서 패한 후 한때 사라졌다가, 1830년 다시 라파예트가 등장하면서 프랑스를 대표하는 국기가 되었어요.

역사

1 켈트 족의 등장

기원전 8세기경 켈트 족이 현재의 프랑스 영토로 이주하여 원주민을 몰아내고 정착하였어요. 이 지역을 로마 인들은 '갈리아'라 부르고, 이 지역에 정착한 켈트 족을 '갈리아 부족'이라 불렀지요.

2 갈리아 사람들의 생활

갈리아 지역 사람들은 대가족이 모여 부족을 이루어 살았어요. 갈리아 사람들은 뛰어난 대장장이여서 쟁기와 통을 직접 만들어 썼고, 보석을 예쁘게 다듬어 장신구를 만들기도 했지요. 수많은 신들을 믿었던 그들은 사제를 '드루이드'라고 불렀는데, 드루이드는 마을에서 학식이 가장 높은 사람이었어요.

3 로마와의 전쟁

기원전 58년 로마의 장군 카이사르는 갈리아 지방을 정복하기 위해 출전 명령을 내렸어요. 갈리아 부족의 추장, 베르킨게토릭스는 족장들과 힘을 모아 로마군에게 대항했지만 결국 카이사르에게 무릎을 꿇었어요. 결국 갈리아는 로마의 지배를 받게 되었지요.

4 프랑크 왕국이 세워지다

게르만 족의 이동으로 서로마 제국이 멸망하자 게르만 족 중의 프랑크 인들이 세력을 키우기 시작했어요. 메로빙거 왕조의 클로비스가 프랑크 왕국을 세워 갈리아 지방 대부분을 차지하였지요.
클로비스 왕이 죽자 카롤링거 왕조가 정권을 잡게 되었고, 샤를마뉴가 황제가 되어 갈리아 지방은 물론 이탈리아 북부, 라인 강 유역 일대에 이르는 대제국을 건설하였어요.

프랑스 France

5 세 개로 쪼개진 프랑크 왕국

샤를마뉴 황제가 죽자 프랑크 제국은 분열되었고, 손자 3형제가 베르사유 조약을 체결하여 프랑크 제국을 3개 국가로 나누었어요. 즉 동프랑크(독일)와 서프랑크(프랑스), 이탈리아가 된 것이지요. 이 중 샤를 2세가 차지한 서프랑크가 현재 프랑스의 영토가 되었답니다.

6 영국과의 백년에 걸친 전쟁

987년 위그 카페가 왕으로 추대되면서 카페 왕조가 생겨났고 카롤링거 왕조는 사라지게 되었어요. 이때부터 프랑크 족이 게르만 어를 버리고 프랑스 어를 사용하게 되었지요. 그 후 발루아 왕조가 왕국을 다스리게 되었지만 영국의 침입으로 백년전쟁이 일어났어요. 결국 영국의 침입을 물리치긴 했으나 전 국토가 황폐화되고 말았어요.

7 르네상스와 종교 전쟁

15세기 말부터 이탈리아에서 르네상스가 전파되어 16세기에는 프랑스의 르네상스 전성기를 이루었어요. 한편 1560년부터 1598년까지 무려 40여 년 동안 신교도와 구교도 간의 8차례에 걸친 종교 전쟁을 치르기도 하였어요.

8 태양왕 루이 14세

루이 13세, 14세 때에 절대주의 왕권의 절정을 이루었어요. 특히 루이 14세 때에는 수차례의 전쟁을 통해 유럽 대륙에 영토를 확장하였어요. 막강한 권력을 누리며 태양왕으로 불렸던 루이 14세는 절대 왕정의 상징이랍니다.

9 왕권을 반대하는 시민혁명이 일어나다

루이 15세와 16세에 걸쳐 왕권이 점차 약해지자 상업 자본주의의 발달로 부르주아라는 새로운 계급이 등장하였고, 계몽주의의 영향으로 자유주의와 평등주의 사상이 커져 평민 계층의 비판 의식이 높아졌지요. 그 결과 부패한 왕실에 대한 반발로 1789년 프랑스 대혁명이 일어났고 인권 선언이 선포되었어요.

10 유럽을 뒤흔든 나폴레옹

1792년 왕정은 폐지되었고 공화국이 세워졌어요. 1793년 루이 16세가 처형된 후 공포 정치와 5인의 집정관제가 실시되었어요. 하지만 집정관 체제가 약화되자 1799년 나폴레옹이 체제를 무너뜨리고 정권을 잡았고, 1804년 황제에 즉위하여 유럽을 정복하기 위해 전쟁을 벌이기 시작했어요. 영국을 비롯해 러시아, 오스트리아, 프러시아 등이 연합하여 대항하였으나 나폴레옹이 계속 승리해 유럽 대부분을 나폴레옹이 직접 통치하였지요.

11 내 사전에 불가능은 없다? 있다!

나폴레옹은 힘을 몰아 영국 정복을 시도하였으나 1805년 트라팔가르 해전에서 패하고 1812년 러시아 원정에도 실패, 1813년에는 프러시아, 오스트리아, 영국 연합군에게 패하게 되었어요. 1814년 황제의 자리에서 물러난 나폴레옹은 지중해의 엘바 섬으로 쫓겨 가게 되었고, 그곳에서 탈출하여 다시 집권하였지만 다시 영국과 프러시아 연합군에게 패해 나폴레옹의 시대는 끝나게 되었어요.

12 세계 대전과 드골 대통령

나폴레옹이 물러나자 다시 왕정과 공화국, 제정 시대가 복잡하게 이어지다가 결국 1875년 대통령제 공화 정부가 수립되었어요. 1·2차 세계 대전을 겪으며 드골 장군이 세운 망명 정부가 연합국에 의해 승인되었고, 1958년에는 드골이 대통령으로 선출되어 취임하였어요.

프랑스! 하면 생각나는 것

1 루이 14세의 권력이 숨쉬는 베르사유 궁전

원래 베르사유 궁전은 루이 13세가 지은 사냥용 별장이었으나, 루이 14세의 명령으로 1668년 궁전으로 고쳐 지었어요. 1680년대 다시 커다란 건물 두 동을 새로 짓고 남쪽과 북쪽에 별관과 안뜰을 추가하여 전체 길이가 680m에 이르는 대궁전이 되었지요. 프랑스식 정원의 걸작으로 불리는 정원은 꽃밭과 울타리, 분수 등이 주위의 자연 경관과 조화를 이루고 있어요.

2 파리 시내를 한눈에 내려다볼 수 있는 에펠 탑

1889년 파리의 만국 박람회장에 세워진 높은 철탑으로 이것을 세운 프랑스의 교량 기술자 에펠의 이름을 따서 에펠 탑으로 불리게 되었어요. 높이는 약 300m로 그 이전에 지어진 건물들보다 2배 가량 높지요. 파리의 경치를 해친다고 하여 사람들의 심한 반대가 있었으나 그대로 남아 2차 세계 대전 후에는 텔레비전 송신탑으로 사용되고 있어요.

3 프랑스의 역사와 문화가 흐르는 센 강 주변

프랑스의 수도인 파리 중심을 흐르는 센 강 주변에는 루브르 박물관과 에펠 탑, 콩코드 광장을 비롯하여 프랑스의 역사와 문화를 보여 주는 다양한 건축물들과 기념물이 있어요. 특히 노트르담 성당은 13세기 가장 뛰어난 신건축 기법으로 지은 건물로 건축과 조각의 아름다운 조화를 이루어 낸 고딕 예술의 걸작품이에요. 생트샤펠 성당 역시 서양 건축사를 대표하는 위대한 작품 중의 하나로 중세 독실한 기독교 신자들은 이 교회를 '천국으로 가는 입구'라고 표현할 정도였다고 해요.

프랑스를 빛낸 위인들

1 잔다르크 (1412년경~1431년)

프랑스를 전쟁에서 구한 애국 소녀예요. 가난한 농가에 태어난 그녀는 신앙심이 깊었고, 백년전쟁 말기 프랑스가 패배를 거듭하고 있을 때 '프랑스를 구하라.'는 신의 계시를 받았어요. 1429년 샤를 황태자로부터 지휘권을 받아 군사를 이끌고 영국군의 포위 속에서 오를레앙 성을 탈환하고, 조국을 구하였답니다.

2 파브르 (1823년~1915년)

남프랑스 시골 농가에서 태어난 파브르는 어렸을 때부터 벌레의 생김새 살피기를 좋아했어요. 사범학교를 졸업한 후 초등학교와 대학에서 강의하던 그는 어느 날 레옹 뒤프르라는 사람이 쓴 곤충 관찰 기록을 읽고 감동을 받아, 곤충 연구에 전념할 것을 결심하게 되었어요. 그 후 교직을 그만두고 곤충 연구에만 몰두하여 어린이를 위한 과학책을 많이 썼지요. 특히 문학적으로도 높이 평가되는 그의 《곤충기》는 약 39년에 걸쳐 완성한 명작이랍니다.

3 로댕 (1840년~1917년)

근대 조각의 발전을 가져온 위대한 조각가예요. 날카롭고 사실적인 기법으로 인간 내면의 희로애락을 표현하였다는 평가를 받고 있지요. 〈생각하는 사람〉, 〈지옥의 문〉, 〈발자크 상〉 등 위대한 작품을 많이 남겼어요.

4 파스퇴르 (1822년~1895년)

프랑스의 화학자이자 미생물학자로, 포도주와 맥주의 발효를 연구하여 그것이 세균의 활동에 의한 것임을 알아냈고, 저온 살균법인 '파스퇴르 법'을 개발하였어요. 그 후 누에의 미립자병, 탄저병 등 많은 전염병의 예방법을 발견하였으며, 광견병 예방 접종에 성공하여 수의학의 발전에도 크게 이바지하였어요.

영국 — United Kingdom

영국은 북서유럽에 있는 섬나라로, 잉글랜드와 스코틀랜드·웨일스·북아일랜드가 연합하여 이루어진 국가예요. 남쪽에 프랑스, 동쪽에는 네덜란드와 덴마크를 가까이 두고 있어요. 시민 혁명으로 민주주의가 일어나고, 산업 혁명으로 자본주의가 시작한 영국은 유럽 역사의 중심에 있었어요. 또한 영국은 해양 대국으로 세계 여러 나라에 식민지를 건설해 '해가 지지 않는 나라'라고도 불렸지요. 수도인 런던은 안개가 많이 끼기로 유명해요. 주요 산업은 금융·철강·관광업이에요. 인기있는 운동 경기 중의 하나인 축구는 영국에서 시작되었답니다.

스톤헨지
뉴턴
셰익스피어

소개 및 국기

정식 명칭	그레이트 브리튼 및 북아일랜드 연합 왕국
위치	유럽 북서쪽 북대서양
면적	244,101km²
인구	60,178,000명
언어	영어
종교	성공회 50%, 천주교 11%, 기독교 30%, 기타 9%
정치	입헌 군주제·국왕
화폐	파운드
수도	런던

영국의 국기는 연합기, 또는 '유니언 잭'이라고 불려요. 이는 잉글랜드와 스코틀랜드, 아일랜드 3국의 기를 합쳐서 만들었기 때문이에요. 3국의 기는 모두 그리스트교에서 기원한 십자가를 응용한 것인데, 십자군 원정 때부터 사용되었다고 해요. 잉글랜드 기는 흰색 바탕에 붉은 십자 모양이고, 스코틀랜드는 청색 바탕에 흰색 대각선 십자 모양으로 되어 있었는데, 1803년 아일랜드가 영국 왕국에 합쳐지면서 여기에 아일랜드를 상징하는 붉은 색 사선 십자를 넣으면서 지금의 국기가 되었어요. 웨일스는 17세기 영국 국기가 최초로 만들어질 당시 이미 잉글랜드에 통합되어 있어 웨일스의 상징은 반영되지 않았다고 해요.

역사

1 먼 옛날, 영국은 섬이 아니라 대륙이었다

지금부터 약 5만 년 전쯤에 영국은 섬이 아니라 유럽 대륙에 붙어 있었어요. 그러다가 빙하 시대가 지나며 대륙에서 떨어져 섬이 되었지요. 선사 시대부터 원시인들이 살며 스톤헨지 같은 유적을 남기기도 하였어요.

2 몸에 그림 그리는 사람, 켈트 족

켈트 족은 기원전 2000년부터 기원전 1세기까지 유럽 대부분의 지역에 살았어요. 켈트 족은 몸에 그림을 그리는 풍습이 있었는데 그리스 인들이 이를 보고 '몸에 그림 그리는 사람' 이란 뜻으로 '프레타니키아' 라고 불렀지요. 여기서 '브리튼' 이라는 이름이 생겨나게 되었어요.

3 로마의 정복과 상공업 중심지, 런던

기원전 55년과 54년 두 차례에 걸쳐 갈리아 지방, 즉 지금의 프랑스를 지배하고 있던 로마의 카이사르가 바다를 건너와 브리튼 섬을 점령했어요. 80년에는 다시 로마 군이 스코틀랜드까지 점령했지요. 그때부터 영국은 400년 동안 로마의 지배를 받게 되었는데, 로마 인들이 '런디니움' 이라고 부르던 지방이 상공업의 중심지가 되었어요. 그곳이 지금의 '런던' 이랍니다.

4 앵글로색슨 족이 세운 나라, 잉글랜드

로마 제국이 멸망의 위기에 처하자 로마 군은 영국 땅에서 철수하였고, 북쪽으로 쫓겨났던 켈트 족의 일부인 스코트 족이 켈트 족을 공격했어요. 켈트 족은 색슨 족에게 도움을 청했지만 오히려 색슨 족은 이웃인 앵글 족과 함께 브리튼 섬을 차지하고 켈트 족을 북부와 서부 지역으로 몰아내었어요. 그때 '앵글 인의 땅' 이라는 뜻의 '잉글랜드' 라는 이름이 생기게 되었죠. 이후 영국 땅에 앵글로색슨 족을 중심으로 7개의 왕국이 세워졌고, 9세기에는 7개 왕국 중 웨식스의 왕 에그버트에 의해 영국 전체가 통일되어 잉글랜드 왕국이 성립되었어요.

5 노르만 족의 침입과 노르만 왕조의 성립

그렇지만 다시 영국은 노르만 족의 침입을 받아 점령당했고 결국 노르만 족인 카누트 왕이 영국의 왕이 되었어요. 카누트 왕이 죽은 뒤 앵글로색슨 족의 에드워드가 왕이 되었고, 그자 죽자 그의 동생인 헤럴드 2세가 왕이 되었는데 이때 프랑스의 노르망디 공작이었던 윌리엄이 헤이스팅스 전투에서 헤럴드 군을 격파하고 새로운 영국의 왕이 되었어요. 이때부터 영국에 노르만 왕조가 시작되었지요.

6 백년전쟁과 장미전쟁

1337년 영국은 프랑스의 왕위 계승 문제와 영토 분쟁이 얽혀 프랑스와 전쟁을 벌였어요. 백 년 동안이나 계속된 전쟁이어서 '백년전쟁'이라고 해요. 1455년에는 왕위 계승을 둘러싸고 귀족들 간의 내분이 일어났는데 두 세력이 각각 붉은 장미와 흰 장미를 문장으로 삼아 싸움을 벌여 이를 장미전쟁이라고 한답니다.

7 절대 왕권과 엘리자베스 1세

1486년 튜더 왕조가 세워지고 웨일스가 잉글랜드에 통합되었어요. 백년전쟁과 장미전쟁을 거치며 귀족 세력의 힘이 약해지고 왕권이 강해져 헨리 8세 시대부터 엘리자베스 1세 시대까지 왕권이 절대적이었어요. 종교 갈등을 수습한 엘리자베스 1세는 상공업과 무역을 장려해 해외 진출의 기반을 닦았고 국민 문예의 황금시대를 이루었지요.

8 공화정과 명예혁명

엘리자베스 여왕의 뒤를 스코틀랜드의 스튜어트가가 계승하며 스튜어트 왕조가 수립되었어요. 그러나 찰스 1세가 독재 정치를 펴 크롬웰과 국회가 손을 잡고 왕을 처형하고 공화정을 세웠어요. 크롬웰이 다시 독재를 하자 영국 국민은 네덜란드로 망명해 있던 찰스 2세를 다시 왕으로 세웠고, 역시 그도 독재를 하려 하자 국회의 요청으로 윌리엄 공이 영국으로 군대를 파견해 결국 찰스 2세는 프랑스로 도망을 갔어요. 이를 명예혁명이라 해요. 그 이유는 피를 흘리지 않고 명예롭게 마무리한 혁명이기 때문이랍니다.

9 산업 혁명과 대영 제국

명예혁명 이후 영국은 왕이 의회의 허락을 받아 정치를 펼치는 입헌 군주국이 되었어요. 이후 빅토리아 여왕 시대에 근대화 정책을 펼쳐 산업 혁명이 일어나 경제가 크게 부흥하였고, 이를 바탕으로 식민지를 확대하여 대영 제국의 절정을 이루게 되었어요.

10 1차 세계 대전과 대영 제국의 붕괴

제국주의 발전이 점차 위협받던 중 1차 세계 대전이 발발했어요. 영국이 독일에 승리했으나 전후 계속적인 불황으로 인해 영국 제국주의는 사실상 무너지기 시작했어요. 또 1929년 미국에서 시작된 대공황은 영국에 큰 영향을 미쳤어요. 실업자는 점점 늘어나고 재정 적자가 급증하게 되었고 결국 경제적 위기를 맞게 되었지요.

11 영국으로부터 독립하는 나라

1922년에 아일랜드가 영국으로부터 독립을 하였어요. 1940년에는 처칠이 내각의 수상이 되었어요. 2차 세계 대전이 일어나자 영국은 연합국으로 전쟁에 참여해 승리하였어요. 그 후 1947년에는 인도가 영국으로부터 독립을 하였어요.

12 유럽 국가 연합에 동참하다

영국은 이후 미국과 소련, 두 강대국의 등장과 경제 불황으로 세계에서의 지위가 약해지게 되었어요. 하지만 1983년 대처 수상이 등장해 경제적인 어려움을 극복하였고, 1997년에는 블레어 총리가 유럽 국가 연합에 동참하여 새롭게 유럽의 중심 국가로 자리매김하게 되었어요.

영국! 하면 생각나는 것

1 비밀스러운 스톤헨지

영국 남부 솔즈베리 평원에 세워진 거석 기념물이에요. 원 모양으로 도랑과 둑을 만들고 다시 그 안에 원형 모양으로 큰 기둥돌들을 배열하고 다시 그 위에 지붕돌을 얹어 놓은 모양을 이루고 있어요. 기원전 3100년 전부터 기원전 1600년 사이에 걸쳐 3차례에 걸쳐 세워진 것으로 보고 있는데, 얼마 전 스톤헨지의 비밀이 마침내 풀렸어요. 분석 결과 원뿔 모양의 거대 건물로, 주요한 정치적 결정이 이루어졌던 곳으로 추정된다고 해요.

2 런던의 상징, 런던 탑

런던의 템스 강 북쪽 기슭에 있는 런던 탑은 노르만 출신으로 영국을 정복한 윌리엄이 요새로 사용하기 위해 지었다고 해요. 그 후 여러 차례 증축을 하며 왕궁으로 쓰이기도 하였고, 튜더 왕조 때에는 감옥 역할을 하기도 했어요. 현재는 왕관이나 보석 등의 왕실 유물과 옛날 무기와 고문 도구 등이 전시되어 있어요.

3 열려라~ 잠깨! 타워 브리지

빅토리아 스타일의 아름다운 다리인 타워 브리지는 템스 강 하류에 위치하고 있어요. 호레이스 존스 경의 디자인으로, 1887년부터 만들기 시작해서 1894년에 완성되었어요. 타워 브리지는 총 길이 277m로, 크고 작은 고딕풍 첨탑이 있어 마치 중세 시대의 성 모습 같아요. 다리 가운데가 개폐식으로 설계되어 있어 큰 배가 통과할 때는 수압을 통해 열렸어요.

4 영국 왕실의 상징, 버킹엄 궁전

런던 웨스트민스터에 있는 왕궁으로 1703년 버킹엄 공 셰필드가 지은 르네상스식 4층 건물이에요. 1837년 빅토리아 여왕 때부터 국왕과 여왕이 거주하는 궁전이 되었어요. 매일 오전 11시 반부터 거행되는 위병 교대식은 런던의 명물이랍니다.

영국을 빛낸 위인들

1 윌리엄 셰익스피어 (1564년~1616년)

영국이 낳은 세계적인 극작가예요. 1564년 잉글랜드 중부에서 태어나 엘리자베스 1세 시절에 극작가로 활동하기 시작하여 문학과 연극에 세계적으로 큰 영향을 끼쳤어요. 〈존 왕〉, 〈헨리 4세〉, 〈헨리 8세〉 등의 역사극을 비롯해, 〈말괄량이 길들이기〉, 〈한여름 밤의 꿈〉, 〈베니스의 상인〉, 〈로미오와 줄리엣〉 등 여러 작품을 발표하여 연극으로 공연하게 하였어요. 특히 〈햄릿〉, 〈리어 왕〉, 〈오셀로〉, 〈맥베스〉 등 4대 비극은 세계 문학의 금자탑으로 손꼽혀요.

2 아이작 뉴턴 (1642년~1727년)

영국의 물리학자이자 수학자로, 1642년 잉글랜드 동부의 링컨셔에서 태어났어요. 수학과 천문학 연구를 열심히 하여 스물여섯 살의 젊은 나이에 교수가 되었지요. 뉴턴은 사과가 나무에서 떨어지는 것을 보고 '만유인력 법칙'을 발견하여 세상을 깜짝 놀라게 하였어요. 미적분법과 반사 망원경을 발명하는 등 수학과 과학에서 큰 업적을 이룬 대학자예요.

3 찰스 다윈 (1809년~1882년)

1809년 잉글랜드의 슈루즈베리에서 태어난 찰스 다윈은 어려서부터 사물이나 자연을 관찰하는 것을 좋아했어요. 1831년에는 영국 해군의 배에 박물학자로 승선하여 5년 동안 남아메리카, 오스트레일리아, 남아프리카를 답사하였지요. 그 후 1895년에 '인간을 비롯한 모든 생물은 창조된 것이 아니라 자연의 선택에 의해 진화되었다'는 내용의 《종의 기원》이란 책을 출판하였어요. 이 책은 인류의 역사와 과학에 큰 영향을 끼쳤고, 이 때문에 종교나 윤리적으로 격렬한 논쟁이 벌어졌으며, 그 논쟁은 지금까지 계속되고 있답니다.

4 플로렌스 나이팅게일 (1820년~1910년)

적십자 운동의 계기를 만든 영국의 간호사예요. 1854년 유럽의 국가들끼리 전쟁을 벌인 크림 전쟁에서 병사들이 부상으로 고통을 받는다는 비참한 상황이 보도되자 나이팅게일은 34명의 간호사를 데리고 이스탄불로 가서 야전 병원장으로 활약했어요. 혼신의 노력을 다해 환자들을 보살펴서, 군인들은 그녀를 '백의의 천사'라 불렀어요. 그 후 '나이팅게일 선서'는 모든 간호사들의 좌우명이 되었답니다.

이탈리아 *Italy*

유럽 대륙으로부터 지중해 쪽으로 긴 장화 모양을 한 나라는 어디일까요? 바로 반도국가 이탈리아입니다. 고대 그리스를 정복하고 유럽 대륙을 넘어 아프리카와 서아시아, 영국까지 점령하여 로마 제국을 건설한 나라! 르네상스라는 문예 부흥 운동의 중심이 되어 근대 문화를 이끈 국가가 바로 이탈리아입니다. 국토는 이탈리아 반도와 시칠리아 섬·사르데냐 섬으로 이루어져 있는데, 북쪽으로는 알프스 산맥을 경계로 프랑스·스위스·오스트리아와 접해 있고, 서쪽은 시칠리아·사르데냐 섬이, 동쪽으로는 아드리아 해와 맞대고 있어요. 고대의 화려한 역사를 자랑하는 수많은 유적들을 간직하고 있으며, 자동차·패션·관광 산업이 크게 발달했답니다.

밀라노 대성당

모나리자

레오나르도 다 빈치

피자

소개 및 국기

정식 명칭 : 이탈리아 공화국
위치 : 유럽 중남부
면적 : 301,333km²
인구 : 57,537,000명
언어 : 이탈리아 어
종교 : 천주교 98%
정치 : 공화제 · 대통령
화폐 : 유로화
수도 : 로마

이탈리아 국기는 왼쪽부터 초록 · 하양 · 빨강의 삼색기로, 프랑스의 국기를 본떠 만들었어요. 3가지 색은 프랑스 국기처럼 자유 · 평등 · 박애를 뜻하기도 하고 아름다운 국토(초록), 알프스의 눈과 정의 · 평화의 정신(하양), 애국의 뜨거운 피(빨강)를 표현한 것이기도 해요. 1796년 나폴레옹 1세가 이탈리아에 공화국을 세운 후 삼색기를 국기로 정하였고, 통일 후인 1860년에 정식 국기로 제정되었어요. 그리고 1946년 6월 19일 기 안에 있던 문장을 없애고 공화국의 국기로 다시 삼았어요.

역사

1 로마는 어떻게 생겨났을까?

로마는 지금은 이탈리아의 수도이지만 원래는 나라 이름이었어요. 로마 지역에는 알바롱가라는 작은 도시 국가가 있었는데, 이 왕국의 공주인 레아 실비아가 전투의 신 마르스와 사랑에 빠져 로물루스와 레무스라는 쌍둥이를 낳았어요. 그렇지만 쌍둥이 아기들은 왕위를 빼앗은 삼촌에게 버려졌고, 늑대의 젖을 먹고 자라 삼촌에게 복수를 하였지요. 그 후 형제의 사이가 나빠졌고, 형제는 나라를 나누어 다스리다가 기원전 753년에 로물루스가 동생인 레무스를 죽이고 새로운 도시국가를 세웠는데 그 국가가 바로 로마였어요.

2 이탈리아 반도를 통일하고 지중해의 주인이 되다

기원전 272년 로마는 이탈리아 반도를 통일하였고, 카르타고와 3차에 걸친 포에니 전쟁에서 한니발을 물리치면서 그 힘이 더욱 막강해졌어요. 또 카르타고와 그리스를 다스렸던 마케도니아를 물리치고 동쪽의 시리아를 정복해 지중해의 새로운 주인이 되었지요.

3 최고 통치자가 된 카이사르

공포 정치를 편 절대 권력자 술라가 죽자 당시 강력한 군대를 가지고 있던 3명의 장군, 폼페이우스, 크라수스, 카이사르는 서로 다투지 않기로 약속하고 공동으로 정치를 펼쳤어요. 이를 '삼두 정치'라고 해요. 이들 중 카이사르는 갈리아와 브리타니아(지금의 영국)를 정벌하고 자신의 군대를 몰아 다시 로마를 정복해 로마의 최고 권력자가 되었어요. 그러나 카이사르는 아들처럼 믿었던 브루투스와 원로원의 공화정 옹호파에게 죽임을 당하고 말았지요.

4 황제의 자리에 오른 옥타비아누스

그 후 카이사르의 부하 안토니우스가 암살범들을 처단하고 옥타비아누스, 레피두스와 함께 다시 삼두 정치를 펼쳤어요. 하지만 야망을 품은 옥타비아누스가 악티움에서 안토니우스와 클레오파트라의 해군을 물리치고 실질적인 로마 황제의 자리에 올랐어요. 이름도 아우구스투스로 바꾸었지요.

5 기울어 가는 로마

아우구스투스가 죽고 뒤를 이은 가이우스 황제가 암살당하자 그 뒤 네로 황제가 등장했어요. 네로는 사치와 방탕을 즐기다가 로마에 큰 화재가 발생하자 그리스도교들을 방화범으로 몰고 탄압하는 등 포악한 정치를 하였어요. 이에 원로원이 황제에게 반란을 일으키자 자살하고 말았지요.

6 50년 동안 20명이 넘는 황제가 들락날락한 군인 황제 시대

235년부터 284년까지 많은 황제가 암살되고 국정이 매우 혼란스러웠어요. 로마는 50년 동안 무려 20명이 넘는 황제가 나타났다 사라졌어요. 이 시기에는 군인 출신 황제들이 많아 이때를 군인 황제 시대라고 불러요.

7 로마가 동·서로 갈라지다

콘스탄티누스 황제가 등장하여 어수선한 로마를 다시 통일하고, 313년 그리스도교를 인정했어요. 그러나 콘스탄티누스 황제가 죽은 후 로마는 395년에 동·서로 갈라졌어요. 서로마 제국은 로마를 수도로, 동로마 제국은 비잔티움을 수도로 삼았지요.

8 서로마 제국의 멸망과 새로 등장한 나라들

476년 서로마 제국이 게르만 출신의 용병, 오도아케르의 반란으로 멸망하고 말았어요. 서로마 제국이 멸망하자 서유럽에는 잉글랜드(영국), 서프랑크(프랑스), 신성 로마 제국(독일)이 세워졌고 지중해 지방에는 베네치아와 제노바라는 두 공화국이 세력을 펼쳤어요.

9 비잔틴 문화를 꽃피운 동로마 제국

동로마 제국은 비잔틴 제국이라 불리며 로마 제국의 중흥을 위해 노력했어요. 로마 법전을 편찬하고 잃어버린 영토를 되찾으려 노력하는 등 천 년이 넘게 로마의 역사를 이어 나가며 서양과 동양의 문화를 합친 비잔틴 문화를 꽃피웠지요. 하지만 결국 1453년 투르크 제국의 공격으로 동로마 제국은 멸망하고 말았어요.

11 르네상스의 중심지가 되다

상업 도시가 번성하며 시민 의식이 높아진 이탈리아 사람들은 고대 그리스·로마 문화를 되살리고 인간 중심의 문화를 꽃피우려 하였어요. 이런 의식에 따라 문예 혁신 운동이 일어났는데 이를 '르네상스'라고 해요. 이 운동은 곧 유럽 전 지역으로 전파되었고 근대화를 앞당기고 학문과 과학이 발달하는 계기를 마련하였어요.

10 상업 도시가 번성하다

이후 노르만 족이 이탈리아에 왕조를 세웠어요. 하지만 이탈리아는 프랑스와 에스파냐의 지배를 받는 등 시대에 따라 등장한 유럽 강대국의 간섭을 받아야 했어요. 그러다가 10세기 이후 남부는 상업 도시로 번성하였고, 북이탈리아와 중부 이탈리아는 도시 세력과 힘을 합쳐 독립적인 자치제를 형성하였어요.

12 새로운 이탈리아 왕국이 들어서다

1861년 비토리오 에마누엘레 2세를 국왕으로 하는 이탈리아 왕국이 세워졌어요. 476년 서로마 제국의 멸망으로 분열된 국토가 1400년이나 지나서야 다시 통일된 것이에요. 수도는 토리노, 뒤에 피렌체로 옮겼다가, 1871년 로마로 정해졌어요.

13 세계 대전의 참전과 공화국

1차 세계 대전을 겪으며 경제적인 어려움에 시달리던 이탈리아는 무솔리니가 이끄는 파시스트당이 정권을 잡게 되었어요. 1937년 독일, 일본과 방공 협정을 체결한 이탈리아는 1940년 독일 히틀러의 뒤를 이어 2차 세계 대전에 참전하였지만 패배했어요. 이 후 히틀러와 무솔리니를 반대한 기독교민주당, 사회당, 공산당을 주축으로 하는 레지스탕스 운동에 의해 밀라노와 토리노 등 주요 도시가 해방되었고, 1946년 국민 투표와 헌법 제정 의회의 선거 결과 왕제가 폐지되고 공화국이 되었어요.

이탈리아! 하면 생각나는 것

1 고대 로마 생활의 중심지, 포로로마노

베네치아와 콜로세움 사이에 있는 포로로마노는 고대 로마 생활의 중심지였던 곳이에요. 로마를 세웠다는 로물루스 신전, 카이사르의 반역을 처단한 안토니우스 신전, 카이사르가 암살당했던 원로원과 함께 2개의 개선문 등이 있었어요. 곳곳에 건물의 기둥이나 잔해들이 남아 로마의 화려했던 역사를 짐작할 수 있어요.

2 로마를 상징하는 원형 극장, 콜로세움

콜로세움의 정식 명칭은 플라비우스 원형 극장으로, 고대 로마 사람들의 문화와 예술을 상징하는 곳이에요. 네로 황제가 황금 궁전의 인공 호수를 만들었던 자리에 기원후 72년 로마의 베스파시아누스 황제가 원형 경기장을 만들기 시작하여, 그의 아들 티투스 황제 때 완공하였어요. 약 5만 명에 가까운 관객이 관람할 수 있는 로마 제국 최대의 경기장이랍니다.

3 기우뚱~ 피사의 사탑

이 탑은 팔레르모 해전에서 크게 승리한 기념으로 세워진 종탑이에요. 탑을 만들기 시작해 3층까지 올렸을 때 기울어지기 시작했는데 바로 잡으려고 했으나 결국 기울어진 채 완성되었어요. 갈릴레오 갈릴레이가 낙하 실험을 한 곳으로 알려져 있으나, 어떤 역사학자들은 피사의 사탑을 널리 알리기 위해 지어낸 이야기라고도 해요.

4 열두 제자와의 저녁 식사를 그린 〈최후의 만찬〉

이탈리아 밀라노에 있는 산타마리아 델레 그라치에 성당 벽에는 〈최후의 만찬〉이 그려져 있어요. 레오나르도 다 빈치가 그린 이 그림은 예수 그리스도가 십자가에서 죽음을 맞기 전 제자들과 함께 가진 만찬을 그린 것이에요.

이탈리아를 빛낸 위인들

1 카이사르 (기원전 100년~기원전 44년)

'시저'라고도 하는 가이우스 율리우스 카이사르는 서양의 역사에 큰 영향을 남긴 사람이에요. 기원전 60년 폼페이우스, 크라수스와 함께 삼두 정치를 하며 최고 집정관의 자리에 올랐으며, 갈리아 지방의 반란을 잠재우고 게르만 족의 땅과 브리튼 섬을 공격하여 승리를 얻어 최고 실력자가 되었지요. 그렇지만 믿었던 부하인 브루투스 등에게 암살을 당한 불행한 사람이었지요.

2 콜럼버스 (1451년~1506년)

아메리카 대륙을 발견한 탐험가예요. 어려서부터 항해와 관련된 일을 하며 지도를 연구한 콜럼버스는 지구가 둥글다는 것을 믿었어요. 1492년 산타마리아 호를 타고 항해하여 현재의 바하마 제도의 와틀링 섬을 발견하였고 그 후 쿠바, 자메이카, 도미니카 및 남아메리카와 중앙아메리카에 도착하였어요. 그 뒤 4번의 항해를 하였지만 그는 그곳을 서인도로 생각하였어요. 그의 서인도 항로의 발견으로 아메리카 대륙이 유럽 사람들의 활동 무대가 되었고 세계에 새로운 시대를 열어 주었답니다.

3 레오나르도 다 빈치 (1452년~1519년)

르네상스 시대를 대표하는 천재적인 예술가이자 과학자로 '르네상스의 아버지'라 불려요. 관찰과 독서, 끊임없는 연구를 통해 지식을 쌓아 다양한 분야에 걸쳐 위대한 업적을 이룩했어요. 〈모나리자의 미소〉, 〈최후의 만찬〉 같은 위대한 명화를 그렸으며, 상상력으로 자동차와 헬리콥터, 비행선, 대포, 전차 등 현대인이 사용하는 각종 장비들을 고안하여 스케치하였어요. 사실적이고 정교한 인체 해부도를 그리는 등 예술과 건축, 과학 등에 큰 업적을 남겼지요.

4 갈릴레오 갈릴레이 (1564년~1642년)

갈릴레이는 이탈리아 르네상스 말기의 천문학자이자 물리학자, 철학자예요. 떨어지는 물체의 속도가 무게에 비례한다는 아리스토텔레스의 잘못을 증명하여, 무게가 다른 두 물체가 떨어질 때 가속도는 일정하다는 사실을 밝혀냈어요. 지동설을 주장하여 로마 교황청으로부터 종교 재판을 받아 지동설에 대해서는 일절 말하지 말라는 경고를 받기도 하였지요. 그러나 《천문 대화》를 썼다가 다시 재판을 받게 되었고, 마침내 자기의 주장을 포기할 것을 서약해야만 했어요. 그는 간신히 풀려 나오며 '그래도 지구는 돈다.'라고 중얼거렸다고 해요. 근대 과학의 기틀을 마련한 학자로 평가받아요.

유럽

이탈리아 Italy

Germany 독일

유럽 대륙의 중부에 위치한 독일은 게르만 민족을 대표하는 나라로 중세 시대에는 신성 로마 제국이라 불리며 유럽의 중심 국가로 활약을 하였어요. 20세기에는 두 번이나 세계 대전을 일으켜 유럽의 주변 국가들을 공포에 떨게 하였고, 패전 속에서도 눈부신 경제 발전을 이룩하여 '라인 강의 기적'이라 불리지요. 동쪽으로는 폴란드·체코·슬로바키아, 남쪽으로는 오스트리아·스위스, 서쪽으로는 프랑스·룩셈부르크·벨기에·네덜란드, 북쪽으로는 북해와 발트 해를 바라보며 덴마크와 접해 있어요. 2차 세계 대전 후에 민주주의 국가인 서독과 공산주의 국가인 동독으로 갈라져 있다가 1990년 41년 만에 평화적으로 통일하여 분단의 역사에 마침표를 찍었어요.

뮌헨 박물관

슈바이처

소개 및 국기

정식 명칭 : 독일 연방 공화국
위치 : 유럽 중북부
면적 : 357,021km²
인구 : 82,604,000명
언어 : 독일어
종교 : 기독교 36.4%, 천주교 34.6%, 기타 29%
정치 : 연방 공화제 · 대통령
화폐 : 유로화
수도 : 베를린

독일의 국기는 위로부터 검정 · 빨강 · 노랑(금색)의 3가지 색으로 구성되어 있어요. 검정색은 인권 억압에 대한 분노를, 빨강은 자유를 그리는 정신을, 노랑은 진리를 상징하지요. 독일의 국기가 어떻게 처음 만들어진 것인지 그 기원에 대해서는 분명하지 않으나 일반적으로 나폴레옹이 신성 로마 제국을 침공하여 제국이 해체되었을 때 나폴레옹 군대에게 끝까지 저항하던 민병대가 입었던 옷의 무늬를 깃발로 만들어 사용하다 국기가 되었다고 짐작하고 있어요.

역사

1 게르만 족이 사는 '게르마니아'

기원전 3세기경 북쪽에서 농업과 목축을 하던 게르만 족은 살기 좋은 남쪽으로 내려왔어요. 게르만 족은 원래 살고 있던 켈트 족을 쫓아내고 라인 강 동쪽과 다뉴브 강 북쪽에 거주하였지요. 이 지역을 게르만 족이 사는 지역이란 뜻으로 '게르마니아'라고 불렀어요.

2 프랑크 제국이 세워지다

375년 동방에서 몽골 족이 침입해 오자 게르만 족은 서로마 제국으로 이동했어요. 그 후 세력을 키워 서로마 제국을 멸망시키고 프랑크 왕국을 세웠어요. 샤를마뉴 황제 때에는 서유럽의 대부분을 차지하여 거대한 제국이 되었지요.

3 지금의 독일이 된 동프랑크

샤를마뉴 황제가 죽자 프랑크 제국은 분열하기 시작했어요. 샤를마뉴의 아들이었던 루트비히 1세가 죽자 그의 아들 삼 형제가 843년에 조약을 맺어 제국을 세 나라로 나누었는데, 삼 형제 중 막내인 루트비히가 동프랑크를 차지하였어요. 동프랑크가 지금의 독일이 되었지요.

4 카롤링거 왕조의 몰락

911년 루트비히가 죽자 프랑크 제국을 성장시켰던 카롤링거 왕조의 혈통이 끊어졌어요. 그 후 제후들에 의해 독일 출신인 콘라트가 왕으로 추대되었어요. 919년에는 작센 가문의 하인리히 1세가 왕위에 올라 작센 왕조를 열었고, 다시 하인리히 1세의 아들인 오토 1세가 왕위를 이었어요.

5 신성 로마 제국

오토 1세는 로마 교황의 부탁을 받아 로마 교황을 괴롭히는 이탈리아 왕국을 공격하였어요. 그러자 로마 교황 요한 12세는 로마에서 황제 대관식을 거행하여 오토 1세에게 로마 황제의 관을 씌워 주었어요. 이때부터 '신성 로마 제국'이라 불리며 로마 교회를 간섭하게 되었지요.

6 카노사의 굴욕

신성 로마 제국은 하인리히 3세 때 로마 교황을 4명이나 교체하는 등 로마 교회를 완전히 지배하려 하였어요. 그러다 1077년 하인리히 4세 때 로마 교회의 주교를 임명하는 권한을 두고 황제와 로마 교황 사이에 다툼이 일어났어요. 이때 제후들이 황제가 교황에게 용서를 받지 못하면 황제를 폐위하겠다고 하자 하인리히 4세는 교황이 머물던 카노사 성으로 가 3일간을 서서 굴욕적으로 용서를 빌었어요. 이를 '카노사의 굴욕'이라고 해요.

7 지방 국가 시대

십자군 전쟁 이후 독일에는 제후의 세력이 커져 일정한 영토를 소유하며 독자적인 주권을 갖춘 지방 국가가 등장했어요. 그들은 강력한 힘을 가진 황제나 왕이 등장하는 것을 바라지 않았어요. 그래서 독일에 황제나 왕이 없는 시대가 지속되기도 했어요. 그러다가 1273년 영주들에 의해 스위스의 영주였던 합스부르크 가문의 루돌프가 황제에 선출되었어요.

8 상인의 등장

13~14세기에는 지방의 여러 곳에 시장이 세워지고 도시가 만들어지자 힘을 갖춘 상인들이 등장하게 되었어요. 상인들은 힘을 모아 단체를 이루고 영주들과 싸워 자치권을 획득하였지요.

9 종교 전쟁의 중심에서 황폐화된 나라

1517년 루터에 의해 종교 개혁이 일어나자 농민들은 농민 운동을 일으켰어요. 로마 교회와 영주들의 권위에 반대하고 종교 개혁을 지키기 위해서였지요. 종교 개혁으로 로마 교회를 지지하는 구교 세력과 새롭게 등장한 기독교 세력을 지지하는 신교 세력으로 나누어지게 되었고, 결국 '삼십년전쟁(1618년~1648년)'이 일어났어요. 이 전쟁은 신교를 지지하는 나라와 구교를 지지하는 유럽의 여러 나라들이 참전하여 국제 전쟁이 되었는데, 그 무대가 바로 독일이었어요.

10 프로이센과 오스트리아의 대립

삼십년전쟁의 종결을 위하여 체결된 조약인 베스트팔렌 조약으로 스위스와 네덜란드가 독립 국가로 인정되었고, 독일의 지방 국가들도 주권을 승인받았어요. 여러 지방 국가 중에는 독일 황제를 배출한 합스부르크 가문의 오스트리아와 북독일에서 새롭게 등장한 프로이센이라는 나라가 있었어요. 프로이센은 프리드리히 2세 때 개혁적이고 진보적인 정책으로 유럽의 강대국으로 성장하였고, 오스트리아와 대립하게 되었어요.

11 나폴레옹 군대의 공격

18세기 말, 나폴레옹이 군대를 이끌고 등장하여 독일을 공격했어요. 처음에는 프로이센과 오스트리아를 제외한 독일의 전 지역을 자신의 지배 아래 두었고, 곧이어 엘베 강 서쪽의 프로이센 땅을 빼앗기도 하였지요. 그러자 유럽의 여러 나라가 동맹을 맺어 나폴레옹 체제를 무너뜨리기 위해 앞장섰고, 독일은 그 주역을 담당하기도 했어요.

12 독일을 통일한 프로이센

나폴레옹이 물러가자 독일은 39개의 주권 국가가 연방을 이루는 연방 국가가 되었어요. 그러다가 1834년 프로이센을 중심으로 '독일 관세 동맹'이 맺어져 경제적인 통일이 이루게 되었지요. 1866년 프로이센은 오스트리아와 전쟁을 일으켜 오스트리아를 무찌르고 오스트리아와 남부 독일 연방을 제외한 '북독일 연방'을 성립시켜 연방 의회를 구성하였어요. 1871년에는 드디어 프로이센을 중심으로 독일 통일이 이루어졌어요.

13 1차 세계 대전의 패전국이 되다

1914년 삼국 동맹을 맺은 독일·오스트리아·이탈리아와 삼국 협상을 맺은 프랑스·영국·러시아 사이의 충돌이 일어났어요. 바로 1차 세계 대전이에요. 1918년 독일은 전쟁에 패하고 내부에서 혁명이 일어나 독일 제국은 무너지게 되었어요.

14 2차 세계 대전에서도 패전

1933년 히틀러에 의해 등장한 나치 정권은 오스트리아를 합친 뒤 폴란드를 침공하며 2차 세계 대전을 일으켰어요. 처음에는 프랑스를 점령하고 유럽의 대부분을 점령하였으나 미국과 소련의 참전으로 1945년 항복을 하였고, 미국·영국·프랑스·소련 4개 연합국의 점령 아래 놓이게 되었어요.

15 베를린 장벽이 무너지다

미국과 소련의 냉전 체제로 독일은 동독과 서독으로 분리되었어요. 서독은 민주주의를 따르는 연방 공화국이, 동독은 공산주의를 따르는 독일 민주 공화국이 성립되었지요. 두 개의 독일이 유지되다가 소련의 고르바초프의 개혁 정책과 함께 베를린 장벽이 무너졌고, 마침내 1990년 동독이 서독에 편입되어 통일 국가가 되었어요.

독일! 하면 생각나는 것

1 궁정 예배당인 아헨 대성당

독일의 서쪽 끝에 있는 아헨에는 785년 무렵 신성 로마 제국을 이끌었던 샤를마뉴 대제가 궁정 예배당으로 건설한 아헨 대성당이 있어요. 이 건축물은 동로마 제국의 미술 양식이었던 비잔틴 양식으로 지어졌고, 나중에 고딕 구조물이 더해져 지금의 모습으로 완성되었어요. 특이하게도 천장이 8각 구조이며 거기에는 예수와 성자들의 모습이 모자이크화로 새겨져 있어요. 30여 명에 이르는 왕의 대관식이 거행되었던 이 성당의 지하 보물실에는 중세 시대를 보여주는 귀한 보물들이 전시되고 있어요.

2 베를린의 상징, 브란덴부르크 문

브란덴부르크 문은 냉전 시대에 분열된 동서 베를린의 유일한 관문이었어요. 아테네 아크로폴리스의 프로폴리아를 본떠 만든 고전주의 양식의 건축물로 18세기 말에 세워졌어요. 문 뒤에는 조각가 샤토가 제작한 멋진 2륜 마차 동상인 '승리의 콰드리가'가 있지요.

3 중세 상업 도시의 모습을 그대로 간직한 뤼베크 한자 도시

독일 북부에 있는 뤼베크라는 항구 도시에는 중세 상업 도시의 모습을 간직한 한자 도시가 있어요. 한자 동맹의 중심지였던 이곳에는 당시의 기념물과 교회, 소금 저장소 등이 그대로 남아 있어요. 르네상스 양식의 시청 건물과 마리엔 교회, 상인 조합관 등이 있으며 근대 모습을 띤 공장들이 많았어요.

4 중세 고딕 양식을 대표하는 건축물, 쾰른 대성당

쾰른 대성당은 중세기 독일 최대의 성당으로 정통 고딕식 건축물이에요. 1164년 대주교가 예수 탄생을 축하하며 경배했던 동방 박사 3인의 유골을 밀라노에서 가져온 후 예배를 보려고 많은 사람들이 쾰른에 몰려오자 더 큰 성당이 필요하게 되었어요. 1248년부터 세워지기 시작하여 1880년에 완공된 쾰른 대성당은 서쪽 첨탑이 157m에 달해요. 대성당 안에는 동방 박사의 유골함과 기적을 일으키는 성모상, 세계에서 가장 오래된 나무 십자가 등 각종 유물이 보관되어 있어요.

독일을 빛낸 위인들

1 괴테 (1749년~1832년)

괴테는 독일이 자랑하는 세계적인 문학가로, 시인이자 극작가, 자연 연구가이며 독일 바이마르 공화국의 재상을 지내기도 했어요. 그가 스물다섯 살 때 발표한 《젊은 베르테르의 슬픔》은 그를 세계적인 작가로 만들었고, 그 후 시·소설·희곡 등 다양한 문학 분야에서 명작이라 일컬을 만한 훌륭한 작품들을 남겼어요. 특히 인생을 마감하며 자신의 경험과 사상을 빚어 넣어 쓴 비극 《파우스트》는 그의 대표작이며 세계 문학에도 큰 영향을 미쳤어요.

2 베토벤 (1770년~1827년)

1770년 독일 본에서 궁정 가수의 아들로 태어난 베토벤은 모차르트와 하이든에게서 작곡을 배웠고 피아니스트로도 활약하였어요. 자신의 사상과 이상을 뚜렷하고 강렬한 음악으로 표현하여 낭만파 음악의 선구자가 되었지요. 불멸의 금자탑이라 일컬어지는 운명, 영웅, 전원 등 9개의 교향곡을 비롯해 32개의 피아노 소나타, 오페라 〈피델리오〉 등과 같은 수많은 명작들을 남겼어요. 청각을 잃어버리면서도 죽을 때까지 음악을 사랑하고 명작을 탄생시킨 그의 모습은 많은 사람들에게 큰 감명을 주고 있어요.

3 칸트 (1724년~1804년)

철학사에서 가장 위대한 철학자 중 한 사람으로 손꼽히는 칸트는 1724년 동프로이센의 쾨니히스베르크에서 태어나 그곳에서 생애를 보냈어요. 칸트는 데카르트에서 시작된 합리론과 베이컨이 창시한 경험론을 종합하여 서유럽의 근세 철학을 집대성했어요. 《순수 이성 비판》, 《실천 이성 비판》, 《판단력 비판》은 근대 철학의 새로운 기초를 확립하는 계기가 되어 후세의 철학자들에게 큰 영향을 주었답니다.

4 슈바이처 (1875년~1965년)

1875년 독일의 알자스 지방에서 목사의 아들로 태어난 슈바이처는 다섯 살 때부터 아버지에게 피아노를 배웠고, 스물네 살 때는 철학 박사가 되어 스트라스부르 대학 교수로 일했어요. 신학자이자 철학가, 음악가로도 이름을 날린 그는 가난한 사람들과 병자들에게 행복을 나누고 싶었지요. 결국 슈바이처는 어려운 사람들을 위해 살 것을 결심하고, 아프리카 가봉에 병원을 세우고 원주민의 치료에 헌신하였어요.

스페인 Spain

유럽 대륙 서남쪽 끝에는 이베리아라는 반도가 있어요. 스페인은 바로 이베리아 반도의 80퍼센트를 차지하는데, 유럽에서는 세 번째로 큰 나라예요. 북동쪽은 피레네 산맥을 사이에 두고 프랑스와, 북서쪽은 대서양에, 동쪽으로는 지중해에 맞닿아 있으며, 남서쪽으로는 포르투갈과 국경을 이루며 아프리카 대륙과 접하고 있지요. 포르투갈과 해외 탐험에 나서며 대항해 시대를 열었고 1492년 콜럼버스의 신대륙 발견으로 아메리카를 식민지로 삼는 등 1500년대에는 유럽과 세계를 주름

잡는 제국이었어요. 수도는 마드리드이고 투우와 플라멩고 춤이 유명한 정열의 나라로 관광 산업이 크게 발달해 있지요.

가우디의 사그라다 파밀리아 성당

플라멩고 춤

마요르 광장

알타미라 동굴 벽화

소개 및 국기

정식 명칭	스페인 왕국
위치	유럽 남서부 (이베리아 반도)
면적	506,030km²
인구	42,600,000명
언어	스페인 어
종교	천주교 99%
정치	입헌 군주제 · 국왕
화폐	유로화
수도	마드리드

스페인의 국기는 위로부터 빨강 · 노랑 · 빨강 세 칸으로 되어 있고, 가운데의 노랑은 빨강의 2배 크기예요. 노랑에는 헤라클레스의 기둥이 든 문장이 있는데 이것은 스페인 5왕국의 문장을 조합한 것이지요. 노랑은 국토를, 빨강은 국토를 지킨 피를 나타내요. 1785년 카를로스 3세에 의해 군함용 깃발로 만들어졌고, 1843년 이사벨 2세가 스페인 군대의 기로 사용하면서 공식적인 국기가 되었어요.

역사

1 알타미라 동굴에 그림을 그린 사람은 누구일까?

스페인의 산탄데르 지방 서쪽에 있는 알타미라 동굴에서 기원전 3만 년에서 1만 5천 년 전에 그려진 벽화가 발견되었어요. 인류 역사상 가장 오래된 이 알타미라 동굴 벽화는 과연 누가 그렸을까요?

2 이베리아 족과 켈트 족이 섞여 켈트이베리아 족이 되다

유럽과 아프리카의 통로가 된 이베리아 반도에는 여러 종족이 살았어요. 기원전 3000년대에는 아프리카로부터 함 족 계통의 이베리아 족이 이주해 왔고, 이어서 기원전 1000년 무렵에는 유럽에서 인도 유럽 계통의 켈트 족이 이주해 왔어요. 두 민족의 피가 섞여 켈트이베리아 족이 되었답니다.

3 카르타고와 로마의 지배를 받다

기원전 6세기에 카르타고의 지배를 받았고, 기원전 3세기에는 카르타고와 로마 사이에 포에니 전쟁이 일어나 로마가 승리하여 로마의 지배를 받게 되었어요. 기원전 1세기 로마의 속주가 되어 로마에 의해 3개의 주로 나뉘어 통치를 받았는데, 그 통치 기간이 자그마치 500년이나 되었답니다.

4 서고트 왕국과 이슬람 세력의 지배를 받다

게르만 족의 이동으로 로마 제국이 쇠퇴의 길을 걷게 되자 414년 서고트 족이 침입하여 왕국을 세우고 8세기 초까지 이베리아 반도를 지배했어요. 서고트 족이 세운 왕국은 다시 711년 이슬람 세력의 침입을 받아 무너졌고, 이슬람 세력은 그로부터 8세기 동안이나 이베리아 반도를 지배했어요.

유럽

스페인 Spain

5 카스티야 왕국과 아라곤 왕국의 국토 회복 운동

이슬람 세력으로부터 잃어버린 땅을 찾으려는 국토 회복 운동이 그리스도교도들을 중심으로 일어났어요. 스페인 북부 산간 지역에 위치해 있어 이슬람의 지배를 피했던 아스투리아스와 피레네의 나바라 두 지역에서 세력을 키운 카스티야 왕국과 아라곤 왕국이 그 중심 세력이었지요.

6 그라나다를 점령하며 마침내 국토 회복 운동을 성공하다

1479년 아라곤의 왕 페르난도 2세와 카스티야의 여왕 이사벨이 결혼하여 스페인은 통일되었어요. 두 왕은 이슬람 세력의 마지막 거점인 그라나다를 점령하여 국토 회복 운동을 성공시켰지요.

7 콜럼버스의 신대륙 발견을 후원하다

이사벨 여왕의 후원으로 1492년 콜럼버스가 신대륙을 발견하여 아메리카를 정복하고 그곳에 식민지를 건설했어요. 16세기 전반에는 스페인과 식민지 외에도 네덜란드 등의 영토를 지배하여 '해가 지지 않는 제국'이라 불리기도 했답니다.

8 영국에 해상권을 넘기다

펠리페 2세 때에는 황금시대를 열었어요. 하지만 네덜란드의 독립을 지지하는 영국과 도버 해협에서 해전을 벌이게 되었는데, 스페인의 무적함대가 영국 함대에게 크게 패하여 해상권을 영국에게 넘겨주게 되었어요. 무적함대의 패배로 스페인은 쇠퇴하고 영국이 세계 강대국으로 부상하게 되었어요.

유럽

9 스페인 계승 전쟁

펠리페 3세의 혈통을 이은 프랑스의 루이 14세의 손자 펠리페 5세가 왕에 오르면서 부르봉 왕조가 시작되었어요. 이에 대하여 영국·네덜란드·오스트리아가 프랑스·스페인에 전쟁을 일으켜 스페인 계승 전쟁이 벌어졌어요. 스페인은 이 전쟁에서 패배하여 영토가 줄어들게 되었고, 국제적으로 외톨이가 되었어요.

10 나폴레옹의 형이 왕이 되다

1807년 나폴레옹 군은 포르투갈에 상륙하였고, 다음해인 1808년에는 스페인에도 출병하게 되었어요. 부르봉 왕가의 내분을 틈타 나폴레옹은 카를로스 4세를 퇴위시키고 자신의 형인 보나파르트를 스페인 왕으로 삼았어요. 프랑스가 스페인을 점령하자 시민들은 끈질긴 저항 운동을 계속하였지요.

11 이베리아 반도의 해방

여러 지역의 저항 조직은 1812년 카디스에 모여 국회(코르테스)를 열고, 카디스 헌법을 제정했어요. 비록 이 헌법은 실시되지 못했지만 스페인에 있어 최초로 시도된 민주주의 혁명이었어요. 나폴레옹 군에 대한 저항 전쟁은 계속되었고, 1814년 나폴레옹의 몰락과 더불어 이베리아 반도는 해방되었어요.

12 공화국이 되었지만 내란이 일어나다

1898년 미국과의 전쟁에서 패하며 식민지였던 쿠바와 필리핀, 푸에르토리코를 잃게 되었어요. 그 후 왕권은 약해졌고 1931년 총선에서 공화파가 승리하여 공화국이 되었어요. 그렇지만 1936년 프랑코 장군이 쿠데타를 일으켜 1975년 프랑코가 죽을 때까지 독재 정치가 계속되었어요.

13 41년 만의 총선거

1976년 의회는 상·하 양원제가 되었고, 언론·결사의 자유가 인정되었어요. 1977년 41년 만에 총선거가 실시되었고 프랑코파는 권력을 잃게 되었어요. 1978년 신헌법이 채택되었고 스페인은 입헌 군주제를 갖추게 되었답니다.

스페인! 하면 생각나는 것

1 알타미라 동굴 벽화

스페인 북부, 산탄데르 서쪽에 있는 알타미라 동굴은 프랑스의 라스코 동굴과 함께 유럽에서 가장 오래된 유적이에요. 1879년 5살의 어린 소녀 마리아가 아버지와 함께 동굴에 갔다가 동굴의 천장에 그려져 있는 들소와 사슴 등 여러 동물 그림을 발견하여 세상에 알려지게 되었어요.

2 그라나다와 알함브라 궁전

알함브라 궁전은 '붉은 성'이라는 뜻으로 그라나다를 대표하는 멋진 건축물이에요. 궁전과 정원, 성벽, 문과 탑 등이 모여 있는 요새라고 할 수 있지요. 그 중에서도 왕궁은 이슬람 건축의 최고 걸작 중 하나인데 아치 모양의 문, 화려하고도 섬세한 아라베스크 장식 무늬 등 이슬람 특유의 디자인과 정교한 조각이 아름답게 조화를 이루는 곳이랍니다.

3 코르도바 역사 지구

스페인 남부에 있는 코르도바는 중세 시대의 수도였어요. 2000년이 넘는 역사를 간직하고 있는 도시로, 로마와 이슬람 문화의 영향을 많이 받았고, 스페인의 역사와 문화를 대표하는 유적들로 둘러싸인 곳이랍니다.

4 구엘 공원

구엘 공원은 스페인이 자랑하는 세계적인 건축가 가우디가 만든 곳이에요. 후원자였던 구엘의 저택을 비롯해 분수와 도마뱀 모양의 조각, 돌로 쌓은 기둥과 천정 등 신기한 건축물들이 정원과 아름다운 조화를 이루고 있어요.

5 마요르 광장

스페인의 수도인 마드리드의 중심부에 위치한 마요르 광장은 마드리드를 상징하는 곳이에요. 1619년에 만들어져서 19세기 전반까지 각종 공연장, 마녀 재판과 사형 집행장, 왕가의 결혼 행사장, 투우장 등 다양하고 이채로운 행사의 장소로 이용되었어요. 규모나 건축적인 면에서 매우 뛰어난 광장으로 손꼽히고 있어요.

유럽

스페인을 빛낸 위인들

1 세르반테스 (1547년~1616년)

세르반테스는 스페인을 대표하는 작가예요. 1547년 가난한 외과 의사의 아들로 태어난 그는 학교 교육을 받지 못하고 자랐어요. 군대에 입대하여 1571년 레판토 전투에 참가하였는데 총상으로 평생 왼손을 쓸 수 없었지요. 1605년 《돈 키호테》를 출간하며 세상의 갈채를 받기 시작해, 《모범 소설집》, 《베르나르도》 등의 글을 발표했어요. 셰익스피어와 함께 인물의 성격 묘사가 탁월한 작가라는 평가를 받아요.

2 피카소 (1881년~1973년)

현대 미술을 대표하는 화가로 브라크와 함께 '입체주의'를 창시한 위대한 예술가예요. 1907년에 발표한 〈아비뇽의 처녀들〉을 비롯해 〈전쟁과 평화〉, 대벽화 〈게르니카〉 등의 여러 작품을 남겼으며, 평화 운동에도 적극적으로 참여했어요.

3 이사벨 1세 (1451년~1504년)

이사벨 1세는 카스티야와 아라곤의 여왕으로 스페인을 통일로 이끈 인물이에요. 카스티야 왕의 딸로 1469년 아라곤의 황태자 페르난도 2세와 결혼하여 두 왕국을 공동으로 통치했지요. 이베리아 반도 남부의 그라나다를 정복하였고, 세제 개혁을 통해 근대적 중앙 집권 국가의 기초를 닦았으며, 궁정 학교를 설립하고 많은 문헌을 편찬하는 등 문화 진흥에 힘썼어요. 특히 콜럼버스가 신대륙을 발견하도록 후원하여 스페인의 해외 식민 제국 시대를 여는 데 이바지하였어요.

4 가우디 (1852년~1926년)

세계적인 건축가 가우디는 1852년 남부 카탈루냐에서 태어났어요. 섬세하고 풍부한 색채와 질감, 자유분방한 형태 등을 특징으로 하는 독특한 양식을 만들어 낸 것으로 유명해요. 그의 작품은 대부분 곡선으로 이루어져 있으며, 벽과 천장도 굴곡을 이루고 있어요. 〈사그라다 파밀리아 성당〉과 〈구엘 공원〉 등이 대표적인 작품이에요.

러시아 *Russia*

러시아는 유럽 동부에서 아시아 동부까지, 두 대륙에 걸쳐 넓은 영토를 갖고 있는 나라예요. 1922년부터 1991년까지 소비에트 사회주의 연방 공화국, 즉 소련이었다가 소련이 해체되면서 독립 국가가 되었어요. 그 후 다른 공화국들과 연합하여 만든 국가 연합체인 독립 국가 연합에 속하게 되었지요. 독립 국가 연합을 구성하는 12개 공화국 가운데 가장 넓은 면적을 가지고 있는 러시아는 정치와 경제 등 모든 방면에서 독립 국가 연합의 중심이에요. 영토가 넓어 모든 분야에서 풍부한 자원을 갖고 있지만 소련 공산 체제에서 과학과 기술을 군사적인 측면으로만 발전시켜 경제적인 어려움을 겪기도 했어요.

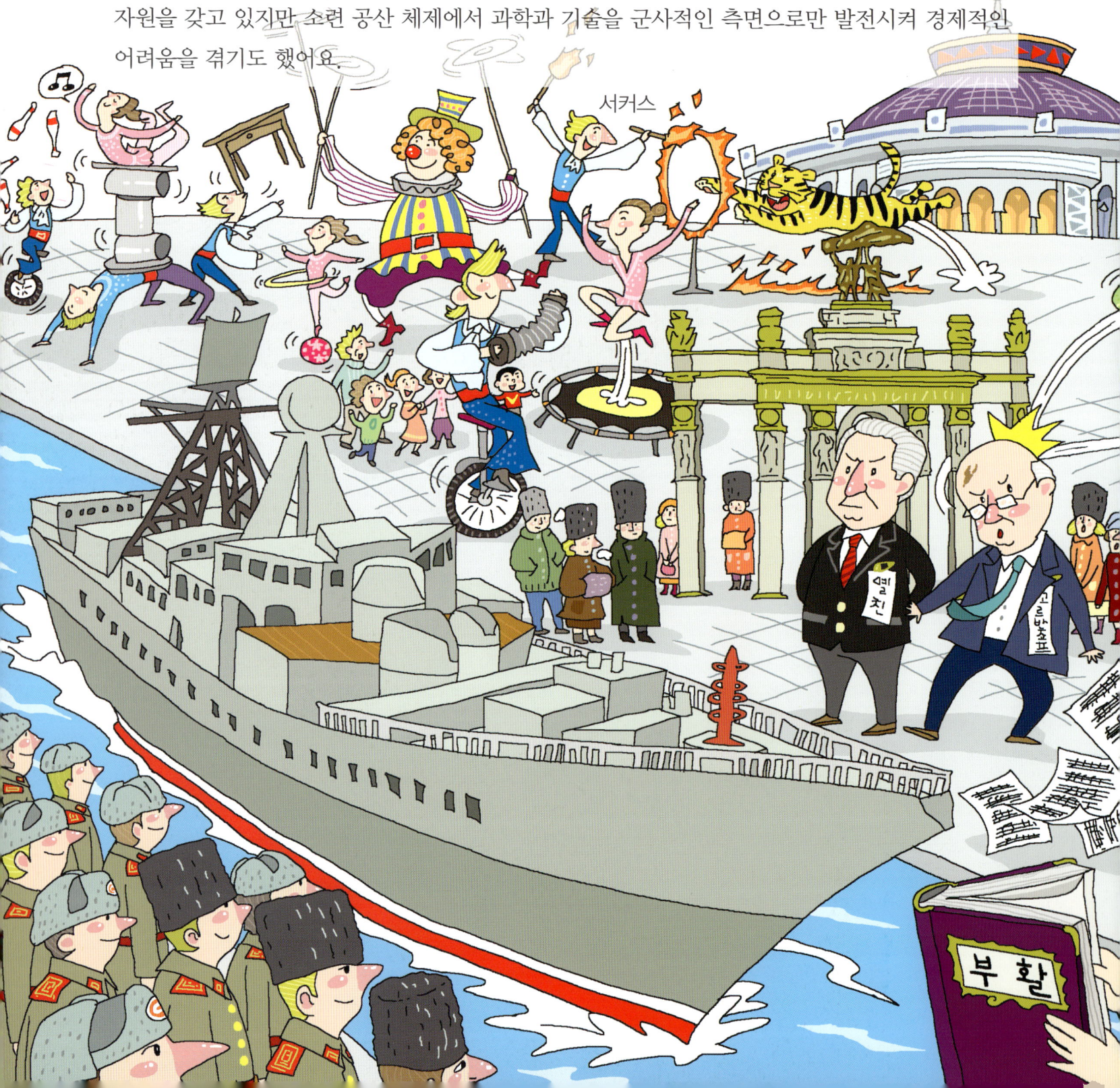

소개 및 국기

러시아의 국기는 위로부터 하양·파랑·빨강의 삼색기로 하양은 고귀함과 진실·자유·독립을, 파랑은 정직·헌신·충성을, 빨강은 용기·사랑·희생을 나타내요. 또한 러시아를 이루는 3개 동슬라브 국가인 백러시아(지금의 벨로루시)·우크라이나·러시아의 통합을 상징하기도 해요. 1705년 표르트 1세의 명령에 따라 국기로 인정하였고, 러시아 혁명 이후에는 폐지되었다가 소련 붕괴 즈음인 1991년 국기로서 부활하였어요. 그 후 2000년 12월 25일 국기에 관한 법에 따라 러시아의 국기로 다시 제정되었어요.

정식 명칭: 러시아 연방
위치: 동부 유럽
면적: 17,075,400km²
인구: 144,893,000명
언어: 러시아 어
종교: 러시아 정교
정치: 연방공화제·대통령
화폐: 루블
수도: 모스크바

유럽

역사

1 아시아에서 서유럽으로 통하는 길

러시아 지역에 속하는 북극해 연안에는 구석기 시대부터 사람들이 살기 시작했어요. 기원전 3세기 즈음부터는 농경과 목축 생활을 하였고, 그 뒤 이란계 스키타이 족과 아시아 유목민의 지배를 받았지요. 이 지역은 아시아에서 서유럽으로 통하는 통로가 되었답니다.

2 루시의 땅, 러시아

8세기경에는 슬라브 족이, 9세기 초에는 북유럽계의 방랑족인 바랑고이 족이 드네프르 강과 볼호프 강, 볼가 강의 상류 지역으로 와서 정착하였어요. 노브고로트에 수도를 정하고 '루시의 땅'이라고 불렀지요. 러시아라는 이름은 '루시의 땅'에서 나온 말이랍니다.

3 키예프 공국이 세워지다

862년 루릭이라는 바이킹 용사가 노르만 족을 이끌고 노브고로트로 와서 슬라브 족들을 지배하였어요. 그리고 882년에는 루릭을 계승한 올레그가 키예프 지방으로 세력을 옮겨 키예프 공국을 세워 주변의 여러 도시 국가들을 지배했어요. 그 후 올레그의 손자인 블라디미르 1세가 키예프의 왕이 되어 나라의 영토를 크게 넓혔으며, 동로마 제국의 국교인 동방정교회를 종교로 삼고 동로마 제국(콘스탄티노플) 및 서유럽 국가들과 국교를 맺었어요.

4 지는 해 키예프 공국, 뜨는 해 모스크바 공국

1054년 키예프 왕가의 분열로 여러 도시 국가가 독립하면서 키예프 공국은 쇠퇴하게 되었어요. 결국 몽골 족의 침입으로 키예프 공국은 멸망하고, 그 후 모스크바 공국의 세력이 커지면서 1480년 이반 3세 때 몽골의 지배에서 벗어나게 되었어요. 주변의 도시들을 점령하기 시작한 모스크바 공국은 1553년 이반 4세 때 영토를 북서쪽 발트 해, 북쪽 북극해 연안, 동쪽 우랄 산맥 접경 지대까지 넓혔고, 시베리아 지방까지 정복했답니다.

5 로마노프 왕조가 들어서다

이반 4세가 죽은 후 그의 아들 표도르가 왕위를 계승했지만 그는 왕국의 지배권을 매부인 고두노프에게 맡겼고, 고두노프는 표도르가 죽자 자신이 왕위를 계승했어요. 그렇지만 몇 년 지나지 않아 갑자기 죽임을 당했고 귀족들은 미하일 로마노프를 차르(제정 러시아 때 황제의 칭호)로 선출했어요. 이때부터 로마노프 왕조의 시대가 304년 동안 이어졌어요.

6 표트르 대제, 최초의 황제가 되다

1682년 여러 차례의 반란을 겪으며 어렵게 왕위에 오른 표트르 대제는 서쪽으로 영토를 계속 넓혀 나가 현재의 러시아 영토의 대부분을 지배하는 최초의 황제가 되었어요. 그는 1703년 수도를 모스크바에서 상트페테르부르크로 옮기고 근대화를 위해 여러 개혁 정책을 실시했어요. 그렇지만 개혁에 필요한 자금을 일반 백성들에게 떠넘겨 백성들의 생활을 어렵게 하였어요.

7 러일 전쟁과 로마노프 왕조의 위기

1812년 알렉산드르 1세 때 나폴레옹 군의 침략을 받았지만 이를 물리쳤어요. 그 후 유럽 강대국의 지위에 오르기도 하였지만 백성들의 생활은 더욱 어려워졌고, 1905년에 일어난 러일 전쟁에 패하면서 국가 권력의 체제를 뒤바꾸려는 움직임이 일어났어요.

8 레닌이 앞장서 사회주의 국가를 세우다

1차 세계 대전의 참전과 패배로 식량 부족과 빈곤에 처한 노동자와 군인들이 1917년 2월에 혁명을 일으켰어요. 로마노프 왕조가 무너지고 임시 정부가 들어섰지만 다시 1917년 레닌이 이끄는 볼셰비키 세력이 임시 정부를 무너뜨리고 혁명에 성공하였지요. 이렇게 세계 최초의 사회주의 정권인 소비에트 정권이 들어섰고, 1922년에는 사회주의 국가인 소비에트 사회주의 연방 공화국이 세워졌어요.

9 스탈린의 등장과 냉전 체제

1924년 레닌이 사망하고 그 뒤 스탈린이 실권을 장악하여 독재 정치를 하였어요. 2차 세계 대전에 연합국으로 참전한 소련은 미국과 함께 초강대국으로 세계 무대에 등장했어요. 그리고 동유럽과 중국이 공산화되면서 세계는 미국과 소련, 두 나라를 양극으로 하는 냉전 체제가 한동안 지속되었지요.

10 고르바초프의 등장과 페레스트로이카

스탈린이 사망하고 집단 지도 체제가 계속되다가 1985년 고르바초프 정권이 탄생하였어요. 그는 경제 체제를 중심으로 한 과감한 개혁, 즉 페레스트로이카를 실시했어요. 국내적으로는 민주화·자유화를, 국외적으로는 냉전 체제의 긴장 완화를 위해 힘썼지요. 마침내 고르바초프는 미국 부시 대통령과 회담하여 동서 냉전에 마침표를 찍었어요.

11 이제 소비에트 연방은 싫어!

고르바초프가 개혁과 개방 정책을 펴는 동안 소련 내 각 공화국에서는 소비에트 연방에서 독립하려는 움직임이 일어났어요. 1991년 6월 러시아 공화국의 대통령으로 당선된 옐친은 고르바초프와 대립하며 연방 정부를 무력화하고 러시아 공화국의 독립을 성취하였어요. 1991년 12월 11개 공화국이 카자흐스탄의 수도 알마티에서 독립 국가 연합 결성에 합의함으로써 소련은 완전히 해체되었고, 1992년 1월 1일 러시아를 비롯한 각 공화국은 완전한 독립 국가가 되었어요.

러시아! 하면 생각나는 것

1 시베리아 횡단 철도

시베리아 횡단 철도는 러시아 대륙을 가로질러 유럽과 아시아를 잇고, 세계에서 가장 길어요. 모스크바에서 블라디보스토크까지 총 길이가 9,289km로 몽고 대평원과 티베트가 만나는 울란우데, 유럽의 관문 예카체린부르그를 거쳐 붉은 혁명의 도시 모스크바까지 러시아가 간직한 역사와 자연, 문화의 한가운데를 관통하지요. 1891년 로마노프 왕조 시대에 시작한 횡단 열차 건설은 강제로 동원된 노동자들에 의해 이루어진 것이랍니다.

2 블라디보스토크

러시아 연해주에 있는 항구 도시로, '동방을 지배하라.' 라는 뜻을 가지고 있어요. 1872년 러시아의 태평양 해군 기지가 이전한 후 급속도로 발전하기 시작했고, 1880년에 시가 되었어요. 시베리아 철도의 종점이기도 한 이곳은 1차 세계 대전 때에는 미국에서 보낸 군수품과 철도 장비를 들여오는 주요 항구였답니다.

3 볼쇼이 발레단

러시아 볼쇼이 극장 소속의 발레단으로, '큰 발레단' 이라는 뜻을 가지고 있어요. 19세기 무렵 유럽에서 두각을 나타내기 시작하여 〈백조의 호수〉, 〈잠자는 숲 속의 미녀〉 등의 작품을 공연하면서 세계에 러시아 발레의 아름다움을 알렸어요. 민족적인 색채와 드라마틱한 공연으로 많은 사람들의 사랑을 받고 있어요.

4 러시아 문학

러시아 문학은 세계 문학에 큰 영향을 끼쳤어요. 특히 러시아 문학의 전성기였던 19세기 때의 문학 작품들이 그렇지요. 푸슈킨, 톨스토이, 도스토예프스키는 러시아를 뛰어넘어 세계적으로 훌륭한 작가들이에요. 그들의 작품인 《부활》, 《전쟁과 평화》, 《죄와 벌》 등은 최고의 작품으로 평가받고 있답니다.

러시아를 빛낸 위인들

1 차이코프스키 (1840년~1893년)

러시아 우랄 지방에서 태어난 차이코프스키는 네 살 때부터 피아노를 치기 시작했어요. 법률 학교에서 공부한 뒤 법무성 관리로 근무했으나, 음악에 대한 미련을 버릴 수 없어 음악 교사로 일하다가 창작 활동에 전념했어요. 그는 작곡가로 〈백조의 호수〉, 〈호두까기 인형〉, 〈잠자는 숲 속의 공주〉 같은 아름다운 발레곡들을 만들었으며, 교향곡 〈비창〉, 〈피아노 협주곡 1번〉, 〈바이올린 협주곡〉 등 많은 작품을 남겼어요.

2 톨스토이 (1828년~1910년)

톨스토이는 명문 백작가의 4남으로 태어나 어려서 부모를 잃고 친척집에서 자랐어요. 1847년 대학 교육에 실망하고 고향으로 돌아가 지주로서 농민 생활을 개선하려 하였으나 실패하고 형의 권유로 사관후보생으로 복무하게 되었지요. 그 후 글을 쓰기 시작해 《유년 시대》를 발표했어요. 격찬을 받고, 《전쟁과 평화》, 《안나 카레니나》, 《부활》 등을 발표하며 톨스토이는 도스토예프스키와 함께 19세기 러시아 문학을 대표하는 위대한 작가가 되었어요.

3 도스토예프스키 (1821년~1881년)

1821년 모스크바에서 태어난 도스토예프스키는 러시아 문학의 최고 거장 가운데 한 명으로 꼽혀요. 인간 심리에 대한 이해와 당시 사회에 대한 날카로운 분석으로 20세기 소설에 큰 영향을 미쳤어요. 주요 작품으로는 장편 소설 《죄와 벌》, 《카라마조프의 형제들》 등이 있어요.

4 멘델레예프 (1834년~1907년)

제정 러시아의 화학자로, 원소 주기율의 이론을 발표한 것으로 유명해요. 19세기 말까지 수십 종의 원소가 발견되고 그 원소들의 성질이 밝혀지면서 화학자들은 여러 종류의 금속과 비금속, 기체 사이에는 어떤 관련이 있을 것이라고 추정하고 있었으나, 원소의 주기성 문제는 여전히 미궁에 싸여 있었거든요.

그 궁금증의 해답이 멘델레예프가 1869년 주기율표를 제시함으로써 풀리게 되었어요.

덴마크
Denmark

풍요로운 자연과 오랜 역사를 가진 나라, 덴마크는 유틀란트 반도와 핀 섬, 셀란 섬, 보른홀름 섬을 주축으로 405개의 섬들로 이루어져 있어요. 대서양 북부에 있는 세계에서 가장 큰 섬인 그린란드와 영국 북쪽의 페로스 제도를 해외 영토로 갖고 있지요. 북해와 발트 해를 가르는 곳에 위치하여 남쪽으로는 독일, 북쪽으로는 스카게라크 해협에 둘러싸여 있어요. 동화 작가인 안데르센과 낙농업의 나라로 알려져 있으며, 수도는 코펜하겐이에요.

바이킹이 나가신다!

인어공주 상

안데르센

소개 및 국기

※ 스칸디나비아 반도는 유럽의 북쪽 끝에 있는 반도로, 지리상으로는 노르웨이와 스웨덴을 가리켜요. 하지만 일반적으로는 스칸디나비아 동맹을 맺었던 덴마크 · 노르웨이 · 스웨덴 · 핀란드와 북대서양에 있는 섬나라 아이슬란드까지 포함해 5개 나라를 일컫는답니다.

정식 명칭 : 덴마크 왕국
위치 : 유럽 유틀란트 반도
면적 : 43,098km²(자치령인 그린란드와 페로스 제도 제외)
인구 : 5,387,000명
언어 : 덴마크 어
종교 : 루터 복음교 95%, 기타 5%
정치 : 입헌 군주제 · 국왕
화폐 : 덴마크 크로네
수도 : 코펜하겐

덴마크의 국기는 세계에서 가장 오래된 국기예요. 덴마크의 힘이라는 뜻의 '단네브로그'라 불러요. 1219년 에소토니아라는 나라와 전쟁을 하기 위해 출정하던 십자군에게 로마 교황이 수여한 기라고도 하며, 발데마르 2세가 리다니세 전투에서 에스토니아 군에게 고전하고 있을 때 갑자기 하늘에서 빨강 바탕에 흰 십자가가 그려진 깃발이 내려오면서 승리를 하였다는 전설도 전해져요. 이후 덴마크의 국기는 핀란드, 아이슬란드, 노르웨이, 스웨덴 등 북유럽 스칸디나비아의 여러 나라 국기에 영향을 미쳤어요.

역사

1 순록을 사냥하며 살던 유목민

덴마크 지역에는 아주 옛날부터 풀이나 작은 나무가 자랐어요. 그곳에는 순록을 사냥하는 유목민들이 살고 있었죠. 석기와 청동기, 철기 시대를 거쳐 500년쯤에 앵글 족과 주트 족이 처음으로 집단 부락을 이루었어요.

2 바이킹이 성을 만들어 프랑크 왕국의 진출을 막다

800년경부터 바이킹이 유틀란트 반도 남쪽 끝에 '다네비아케'라는 흙으로 만든 성을 만들어 살았어요. 811년 샤를마뉴 대제의 프랑크 왕국이 북방으로 진출하려는 것을 막고, 아이더 강을 경계로 프랑크 왕국과 국경을 삼았어요.

3 덴마크 영토를 통일하고 기독교를 받아들이다

826년 덴마크에 최초로 기독교가 전파되었어요. 960년경에 덴마크 영토를 통일한 하랄 왕은 국교를 기독교로 개종하였어요. 이때 처음으로 덴마크라는 이름이 등장했어요. 그의 아들 스벤 왕은 1013년 잉글랜드를 정복했지요.

4 대왕국을 건설한 스벤 왕의 아들

스벤 왕의 아들, 크누트가 왕위에 올라 덴마크와 잉글랜드, 노르웨이의 왕으로 추대되었고, 북해역 해양 제국 건설의 선구자가 되었어요. 하지만 그가 죽자 왕국은 분열되었고 덴마크는 다시 스칸디나비아의 한 세력으로 전락하고 말았어요.

덴마크 Denmark

5 새 덴마크 왕국이 들어서다

1047년 크누트의 조카 스벤 2세가 왕권을 강화시키고 새 덴마크 왕국을 건설했어요. 그러나 12세기 중반부터 전국적으로 도시가 형성되기 시작하고, 교회가 확대됨에 따라 국왕과 귀족 및 교회 세력 간의 갈등이 깊어졌어요.

6 코펜하겐이 세워지다

1157년 발데마르 1세가 내전 상황이었던 나라를 통일하였어요. 슬라브 인의 침입에 대비하여 하운이라는 곳에 성과 요새를 만들었는데, 그곳이 지금의 코펜하겐이에요. 1219년 에스토니아와 전투 때 단네브로그 깃발이 하늘에서 내려왔다는 전설이 전해지지요.

7 칼마르 동맹을 맺다

발데마르 2세가 죽자 다시 왕과 교회, 귀족 사이에 내분이 일어났어요. 1340년 왕위에 오른 발데마르 4세가 국내의 혼란을 평정하였지요. 그의 딸 마르그레타는 노르웨이의 왕 호콘 6세와 결혼하여 아들을 낳았는데 그가 올라프 2세예요. 그는 왕위에 올라 노르웨이 및 아이슬란드를 합병하였어요. 그렇지만 실질적인 권력은 그의 어머니인 마르그레타에게 있었지요. 1387년 올라프 2세가 죽은 후 마르그레타는 여왕이 되어 스웨덴을 합병하였고 칼마르 동맹을 결성하였어요. 그 후 덴마크의 영토는 노르웨이, 스웨덴, 발트해 연안 지역까지 넓어졌어요.

8 스웨덴의 독립과 해외 진출

1448년 왕조가 올덴부르크 가문으로 바뀌고, 1523년 스웨덴에서 구스타브 1세가 국왕이 되어 칼마르 동맹을 해체하고 스웨덴을 독립시켰어요. 덴마크는 1665년 프레데릭 3세가 절대 왕정을 선포하고 왕권을 강화하였어요. 이후 프레데릭 3세는 그린란드를 식민지로 삼았고, 적극적으로 해외 진출 정책을 폈어요.

9 노르웨이를 스웨덴에 넘겨 주고 왕정이 폐지되다

1800년대 초 나폴레옹 전쟁 때, 영국 함대의 공격을 받은 덴마크는 나폴레옹 편에 서게 되었어요. 그러나 1814년 나폴레옹 군대가 전쟁에 패하자 노르웨이를 스웨덴에게 넘겨 주게 되었어요. 그 후 1849년 프레드릭 7세 때 왕정이 폐지되었어요. 그리고 최초로 헌법이 제정되어 입헌 군주제가 실시되었어요.

10 근대 입헌 정치가 열리다

1871년에 노동자 중심의 사회민주당이 창당되었고, 1880년에는 농민 중심의 자유민주당이 창당되었어요. 이들 두 정당을 주축으로 한 세력이 1901년에 내각을 구성함으로써 실질적으로 근대 입헌 정치가 열렸지요.

11 낙농업 발달과 세계 대전

덴마크는 20세기에 들어 농업과 목축업, 해운업을 중심으로 경제를 발전시켰어요. 1차 세계 대전에는 중립을 선언하고 전쟁에 참여하지 않았어요. 2차 세계 대전에는 중립 선언에도 불구하고 독일군의 침입을 받았으나, 전쟁 피해는 비교적 적었답니다.

12 북대서양 조약 기구에 참여하다

본래 노르웨이령이었다가 덴마크에 속하게 된 아이슬란드는 1944년 6월에 독립을 하였어요. 덴마크는 중립 정책의 전통을 깨고 1949년 북대서양 조약 기구(NATO)에 참가하였어요.

덴마크! 하면 생각나는 것

1 코펜하겐의 작은 인어공주 상

코펜하겐을 상징하는 작은 인어공주 상은 안데르센의 동화 《인어공주》에서 따온 것으로 1913년에 만들어졌어요. 인어공주 상은 덴마크의 유명 발레리나를 모델로 하여 에드바르드 에릭센에 의해 만들어졌어요. 작은 동상이지만 코펜하겐을 찾는 모든 관광객들이 꼭 들르는 관광 명소랍니다.

2 낙농업의 나라

덴마크는 19세기 중엽 이후부터 낙농업을 주축으로 꾸준한 발전을 이루어 지금은 세계적인 낙농업의 나라가 되었어요. 젖소의 품종 개량으로 우유의 생산성은 세계 1위이며, 우유 생산량의 90퍼센트가 협동조합에서 버터 및 치즈, 농축 우유 등으로 가공되어 유럽은 물론 세계 곳곳에 수출되고 있어요.

3 바이킹

8세기에서 10세기 걸쳐 스웨덴과 노르웨이가 있는 스칸디나비아 반도와 덴마크에 살고 있던 노르만 족들이 영국을 비롯한 유럽의 여러 나라들을 침입하거나 약탈을 일삼는 해적으로 활동했는데 이들을 '바이킹' 이라고 불러요. 이들은 인구는 늘어나는데 농사 지을 땅은 부족하고, 그나마도 한랭하고 메마른 땅이어서 부족한 식량을 해결하고 기름진 땅을 얻기 위해서 바이킹이 되었어요. 그들은 당시 '해적 민족' 이라 불리며 유럽에서 공포의 대상이 되기도 했지만 전투와 탐험, 교역 등 다양한 활동으로 중세 유럽 역사에 커다란 영향을 미쳤어요.

덴마크를 빛낸 위인들

1 안데르센 (1805년~1875년)

《인어 공주》, 《성냥팔이 소녀》, 《미운 오리 새끼》, 《벌거숭이 임금님》 등 수많은 명작 동화를 남긴 안데르센은 덴마크가 사랑하며 자랑하는 아동 문학가예요. 안데르센은 1805년 코펜하겐 근처의 오덴세에서 구두 수선공의 아들로 태어났어요. 그의 아버지는 그에게 매일 동화를 읽어 주었지요. 1875년 71세로 일생을 마칠 때까지 어린이들을 위해 수많은 동화를 써서 덴마크는 물론 전 세계 어린들에게 사랑을 받고 있어요.

2 보어 (1885년~1962년)

1885년 덴마크의 코펜하겐에서 태어난 보어는 20세기 가장 중요한 과학자 중의 한 사람이에요. '한 개의 에너지는 일정한 불연속적인 값들로 제한되어 있다.'는 양자론을 원자 구조와 분자 구조에 최초로 적용했어요. 그는 거의 반세기 동안 양자 물리학을 이끌어 온 인물로서 주요한 공헌을 했으며 1922년 노벨 물리학상을 받았어요.

3 달가스 (1828년~1894년)

군인 출신의 사회 부흥 운동가 달가스는 덴마크로 이주한 프랑스계 이민 집안에서 태어났어요. 1864년 프로이센과의 전쟁에 패해 실의에 빠진 덴마크 국민들에게 '밖에서 잃은 것을 안에서 찾자!'며 희망과 용기를 북돋워 주었지요. 그의 열정에 감동한 덴마크 국민들은 그와 함께 유틀란트 반도의 황무지를 개간하여 옥토로 만들었어요. 푸른 빛으로 변한 국토는 덴마크가 새로운 부흥의 기틀을 다지게 되는 원동력이 되었어요.

4 키에르케고르 (1813년~1855년)

1813년 코펜하겐에서 태어난 키에르케고르는 철학자로, 헤겔의 변증법과 위선적인 신앙을 비판하고 《죽음에 이르는 병》이라는 실존주의 철학을 대표하는 책을 쓴 사람이에요. 하이데거, 야스퍼스 등의 실존주의 철학자에게 큰 영향을 주었고, 현대 기독교 사상과 실존주의 사상의 선구자로 세상에 알려졌어요.

폴란드 Poland

폴란드는 동부 유럽의 넓은 평원 지역에 위치한 나라예요. 북동쪽으로는 러시아, 동쪽으로는 리투아니아·벨로루시·우크라이나, 남쪽으로는 슬로바키아·체코, 서쪽으로는 독일과 국경을 맞대고 있고, 북쪽으로는 발트 해와 접해 있어요. 폴란드는 화려한 문화를 지녔지만 독일과 러시아 사이에서 수많은 고난을 겪어야 했어요. 2차 세계 대전의 아픔을 고스란히 간직한 아우슈비츠 강제 수용소가 있는 곳이며, 쇼팽과 퀴리 부인의 조국이기도 하지요. 석탄과 구리가 많이 나고, 철강 산업과 조선업, 섬유 산업이 발달했고, 수도는 바르샤바예요.

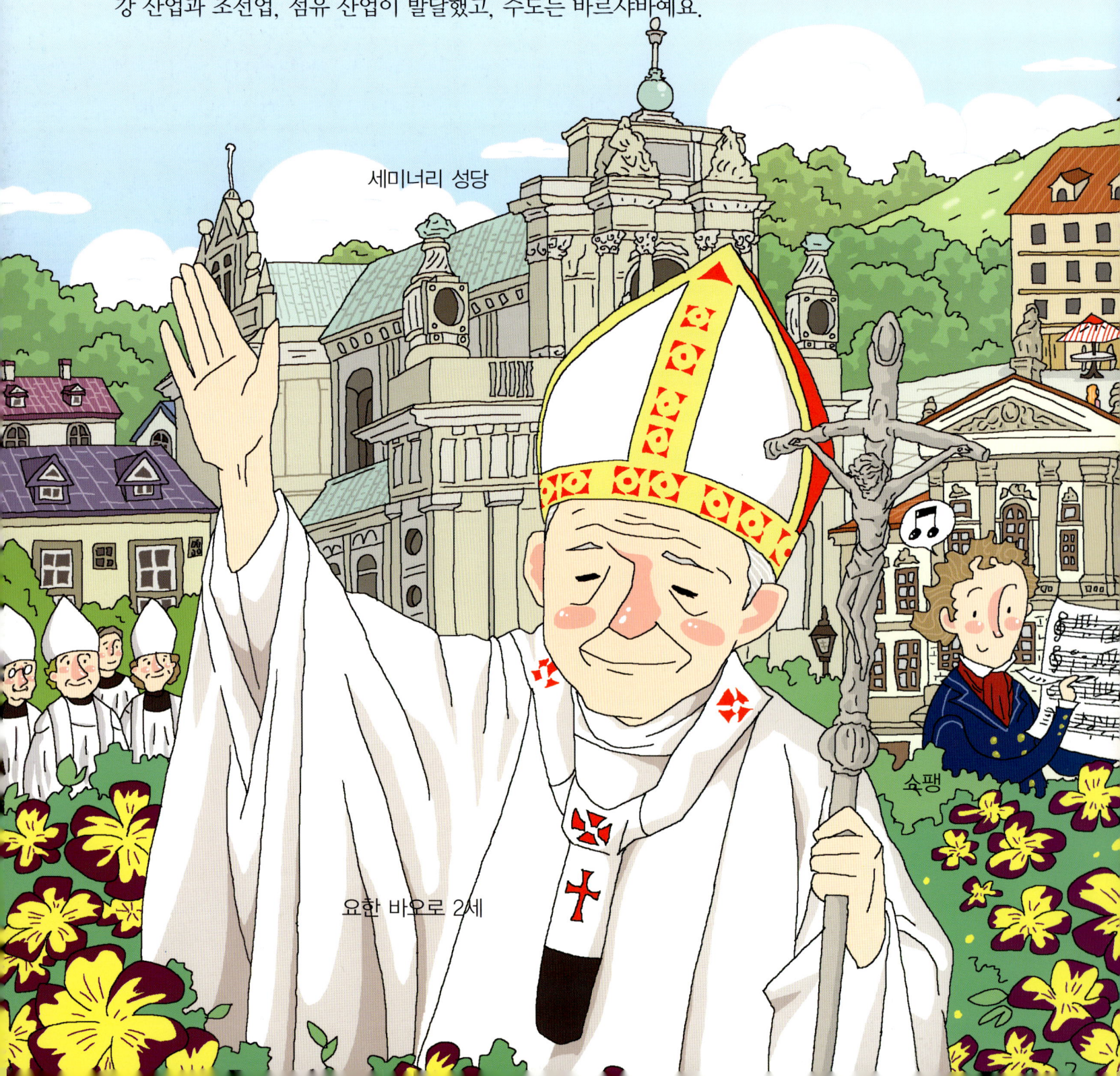

세미너리 성당

요한 바오로 2세

쇼팽

소개 및 국기

정식 명칭	: 폴란드 공화국
위치	: 중부 유럽(발트 해 연안)
면적	: 312,685km²
인구	: 38,623,000명
언어	: 폴란드 어
종교	: 천주교 95%, 기독교 등 기타 5%
정치	: 중앙집권공화제 · 대통령
화폐	: 주오티
수도	: 바르샤바

폴란드의 국기는 윗부분은 하얀색, 아랫부분은 빨강색으로 구성되어 있어요. 흰색과 빨간색은 1831년 나라의 독립을 위해 일으킨 11월 혁명을 계기로 폴란드를 상징하는 색이 되었어요. 1919년 드디어 독립을 이루며 공식적인 국기가 되었죠. 하양은 환희를, 빨강은 독립을 상징해요. 국민의 결백성과 성실성을 흰색으로 나타내었고, 국가를 위해 흘린 피를 상징하는 빨간색을 합쳐 국기를 만든 것이라고도 해요. 중세에는 빨강 바탕에 흰색 독수리 문장이 들어 있었다고도 해요.

유럽

아하! 세계엔 이런 나라가 있군요

역사

1 비수아 강 유역에 정착한 사람들

기원전 2000년에 비수아 강 유역에 정착한 슬라브 종족은 비수아 강 유역으로부터 여러 방향으로 옮겨갔어요. 10세기부터 그니에즈노와 포즈나인 지역을 중심으로 폴인(또는 폴라니에 족)의 영토가 형성되었어요. 폴인에서 폴란드라는 나라 이름이 생겨났지요.

2 폴란드의 첫 왕조, 피아스트 왕조

슬라브계의 몇몇 부족이 서로 연합하여 작은 국가를 이루었는데, 이 중 하나를 피아스트 왕조가 다스렸어요. 피아스트 왕조 미에슈코 1세는 996년 로마로부터 그리스도교를 받아들였어요. 이때부터 폴란드의 첫 왕조가 시작된 것이지요.

3 중앙 집권을 이룬 카시미르 왕

1024년 볼레스와프 1세가 왕위에 올랐으나 몽골의 침입, 러시아와의 전쟁으로 국력이 약해졌어요. 여러 지역으로 분열되어 있다가 1265년에야 프셰미슬 2세가 폴란드 대부분의 지역을 다시 통일하고 왕위를 부활시켰어요. 카시미르 1세 때는 중앙 집권 체제를 이루고 경제와 문화를 크게 발전시켰어요.

4 폴란드·헝가리·리투아니아의 연합 왕국

1370년부터 1383년까지의 짧은 기간 동안에 헝가리와 연방 국가를 형성하였어요. 1385년에는 왕위 계승자인 야드비가 여왕이 리투아니아의 야기에우오 대공과 결혼하여 피아스트 왕조가 막을 내리게 되었어요. 그 후 폴란드와 리투아니아의 연합 왕국인 야기에우오 왕조가 시작되었어요.

5 발트 해로 통하는 길을 열고 유럽 최대의 왕국이 되다

1410년 그룬발트 전투에서 독일군을 무찌르고, 그 뒤에도 여러 차례의 전쟁을 치르면서 발트 해로 통하는 길을 열게 되었어요. 카시미르 4세 때 폴란드 역사상 최고의 전성기를 이루었죠. 16세기 말에는 남으로는 흑해, 북으로는 발트 해에 이르는 유럽 최대의 왕국이 되었어요. 그러나 그 후 폴란드 왕들은 귀족 세력에게 차츰 권력을 빼앗기게 되었고, 야기에우오 왕조가 몰락하자 폴란드와 리투아니아 연합 왕국은 점차 세력이 약화되었어요.

6 3국의 침입으로 사라진 나라

17세기에 들어 발트 해를 둘러싸고 스웨덴·투르크와 전쟁을 벌이게 되자 국력이 점점 더 약해졌어요. 1772년, 1793년, 1795년 세 차례에 걸쳐 러시아, 프로이센, 오스트리아 3국의 침입을 받아 나라가 완전히 나누어지고 사라져 버리게 되었지요.

7 나라를 찾기 위해 독립 투쟁을 벌이다

나라를 잃자 국민들은 혁명 정부를 조직했고, 1831년 11월에 투쟁을 벌였어요. 그러나 실패로 돌아가고 많은 사람들이 망명자가 되어 국외로 탈출해야만 했어요.

8 세계 대전의 소용돌이에 휘말려 다시 분할 점령되다

1차 세계 대전 중에 미국의 윌슨 대통령이 제창한 민족 자결주의 원칙으로 1918년 11월에 드디어 독립을 이루고 폴란드 공화국이 되었어요. 하지만 1939년 독일의 침입으로 2차 세계 대전의 소용돌이에 휘말리며 서부는 독일, 동부는 소련에 분할 점령되었어요.

9 독일군에 무참히 짓밟히다

파리를 거쳐 런던에서 망명 정부가 활동을 했으며, 독일군에 대항해 1944년 8월에는 국내군이 무장 투쟁을 벌이기도 했어요. 그러나 무장 투쟁이 실패로 돌아가고, 시민 24만 명이 죽고 63만 명이 아우슈비츠 등의 수용소에서 살해되는 참극이 벌어졌어요.

10 다시 통일 정부가 들어서다

1945년 5월 독일이 항복하자, 6월에 통일 정부가 들어섰어요. 2차 세계 대전 전후 처리 결과로 폴란드 동부 지역이 소련 국토에 편입되었고, 독일 동북부 지역이 폴란드에 편입되었지요. 그 후 폴란드는 자유 선거가 축소되고, 산업 시설은 국유화되었어요. 결국 폴란드는 스탈린의 세력권 안에 놓이게 되었지요.

11 동구권 국가로의 편입과 자유화 운동

소련의 영향으로 사회주의 정권이 들어서 폴란드는 이른바 동구권 국가가 되었어요. 그 후 경제 정책의 실패로 국민들의 생활이 어려워지자 1980년 노동자들이 파업을 일으켰고 자유화 운동이 불붙듯 퍼지기 시작했어요.

12 민선 대통령의 등장

1981년 자유 노조 지지자들은 제1회 자유 노조 전국 회의를 개최하여 바웬사를 전국 자유 노조 의장으로 선출했어요. 바웬사는 1990년 국민이 직접 대통령을 선출하는 직선제 선거에서 첫 민선 대통령에 당선되었어요.

폴란드! 하면 생각나는 것

1 아우슈비츠 강제 수용소

2차 세계 대전을 일으킨 독일군은 포로는 물론 점령 지역의 유대 인들을 수용하기 위해 강제 수용소를 만들었어요. 여러 수용소 중에 특히 아우슈비츠 강제 수용소에서는 독일군에 의해 수십 만 명이 무참히 학살을 당했어요. 유네스코는 이곳을 나치의 잔악한 행위에 희생된 사람들을 잊지 말자는 의미로 1979년에 세계문화유산에 등록했어요.

2 바르샤바 조약 기구

2차 세계 대전 후 세계는 미국을 중심으로 하는 자본주의 진영과 소련을 중심으로 하는 사회주의 진영으로 갈라져 동서 냉전의 시대를 맞게 되었어요. 자본주의 진영에 속한 유럽의 여러 국가들이 '북대서양 조약 기구'를 만들어 동맹을 맺자, 이에 대항하여 소련을 비롯한 동독, 폴란드, 헝가리, 루마니아, 불가리아, 알바니아, 체코슬로바키아 등 동구권 8개국이 폴란드의 바르샤바에 모여 '바르샤바 조약 기구'를 만들어 동맹을 맺었어요. 1990년 독일이 통일하면서 동독이 탈퇴하였고, 1991년 4월 1일 해체되었어요.

3 폴카와 마주르카

폴카는 '폴란드 아가씨'라는 뜻으로 빠른 2박자의 특징 있는 리듬을 지닌 체코 지방의 춤곡이에요. 폴란드의 민속 무용과 춤곡을 '마주르카'라고 부르는데 1600년대부터 크게 유행하기 시작했으며 쇼팽에 의해 널리 알려지게 되었어요.

4 자유 노조

자유 노조는 1980년 폴란드에서 결성된 독립 노동 조합의 이름이에요. 당시 사회주의 정부의 물가 정책에 항의하며 바웬사를 위원장으로 하여 노동자들이 동맹 파업을 하였고, 이들의 주장과 운동에 폴란드의 1,000만 명의 노동자가 참여하여 폴란드의 민주화와 자유화 물결의 원동력이 되었어요.

폴란드를 빛낸 위인들

1 코페르니쿠스 (1473년~1543년)

1473년 비수아 강 근처에 있는 토룬이라는 곳에서 태어났어요. 1491년 크라코프 대학에 들어가 천문학을 공부하고, 졸업 후에는 이탈리아의 볼로냐 대학에서 의학과 교회법을 공부했어요. 외삼촌이 세상을 떠나자 뒤를 이어 신부가 되었고, 이때부터 코페르니쿠스는 직접 만든 측각기를 가지고 천체 관측을 시작했어요. 1543년 발표한 《천구의 회전에 관하여》에서 "지구를 포함한 모든 행성은 태양의 둘레를 돈다."는 지동설을 주장했는데, 이는 당시 대부분의 천문학자들이 받아들이고 있던 천동설을 전면으로 부정한 것이었어요.

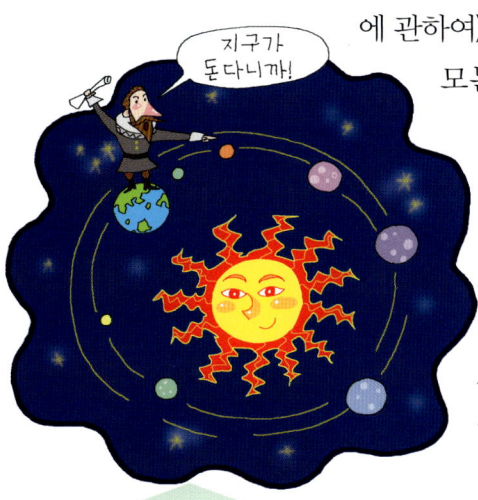

지구가 돈다니까!

2 쇼팽 (1810년~1849년)

'피아노의 시인'이라고 불리는 세계적인 음악가 쇼팽은 1810년 바르샤바에서 태어났어요. 어려서부터 집에서 피아노를 배운 그는 뛰어난 재능을 보였어요. 1826년에 폴란드 음악원에 입학하여 피아노 곡들을 작곡하기 시작해 1849년 서른아홉 살의 젊은 나이로 세상을 떠나기 전까지 위대한 피아노 곡들을 작곡했어요. 〈빗방울 전주곡〉과 〈강아지 왈츠〉같은 어린이들이 좋아하는 곡들을 비롯해 〈즉흥환상곡〉 등 많은 작품들을 작곡했지요.

조국을 위해 마주 르카를 연주하고 싶다.

3 퀴리 부인 (1867년~1934년)

물리학자 마리 퀴리는 남편 피에르 퀴리와 함께 우라늄광에서 새로운 원소를 분리해 냈고, 이 원소들을 라듐과 폴로늄이라고 이름 붙였어요. 폴로늄은 러시아의 압제에서 신음하고 있던 자신의 조국을 위해 붙인 이름이었어요. 1903년에는 노벨 물리학상을, 1911년 노벨 화학상을 수상함으로써 두 개의 노벨상을 받은 인물이 되었답니다.

4 요한 바오로 2세 (1920년~2005년)

1920년 바도비체에서 태어났으며, 본명은 카롤 보이티야예요. 1942년 성직에 뜻을 품고 나치하에서 비밀리에 운영되던 크라코프 신학교를 졸업, 1946년에 신부가 된 후, 크라코프 대학교 신학 교수 등을 거쳐, 1964년 크라코프의 대주교, 1967년 추기경에 임명되었어요. 그리고 1978년 요한 바오로 1세의 뒤를 이어 교황으로 선출되었어요. 이탈리아 인이 아닌 교황은 사상 처음이었죠. 1994년 11월에는 〈3천 년을 맞는 칙서〉를 통하여, 교회가 과거에 종교의 이름으로 저지른 잘못들을 인정하는 고백을 하였고, 2005년 4월 2일 서거했어요.

네덜란드

Netherlands

네덜란드는 유럽 대륙의 북서부에 위치하고 있는 나라예요. 전 국토의 27퍼센트가 바다보다 낮으며 대부분이 평지와 늪지대로 이루어졌고, 높은 산을 보기 힘든 독특한 지형을 갖고 있어요. 그래서 오래 전부터 풍차를 만들어 낮은 지대에 제방을 쌓고 물을 퍼내 간척지를 만들어 국토를 넓혔어요. 네덜란드는 '낮은 땅' 이라는 뜻이랍니다. 북쪽과 서쪽은 북해에, 동쪽은 독일, 남쪽은 벨기에에 접해 있어요. 면적은 작지만 인구 밀도는 유럽에서 가장 높고, 국민 소득도 무척 높은 복지 국가예요. 관광 산업과 함께 서비스, 금융, 전기, 선박 등이 주요 산업이며 수도는 유럽 대륙의 관문 역할을 하고 있는 암스테르담이에요.

소개 및 국기

북해

네덜란드

벨기에

독일

- **정식 명칭**: 네덜란드 왕국
- **위치**: 유럽 북서부
- **면적**: 41,528km²
- **인구**: 16,238,000명
- **언어**: 네덜란드 어
- **종교**: 천주교 32%, 기독교 17%
- **정치**: 입헌 군주제 · 국왕
- **화폐**: 유로화
- **수도**: 암스테르담

네덜란드의 국기는 위로부터 빨강 · 하양 · 파랑 세 칸으로 구성되었어요. 16세기 후반에 스페인에 대항하여 독립 운동에 앞장 선 오라녜 가문의 윌리엄 공이 가문의 문장 빛깔인 삼색을 깃발로 사용한 데서 유래되었어요. 오라녜 가문을 오렌지 가문이라고도 부르는데, 당시에는 빨강 부분이 오렌지색이었으며 1630년부터 현재의 색깔로 바뀌었어요. 빨강은 용기를, 하양은 신앙을, 파랑을 충성심을 상징해요. 1937년에 빌레미나 여왕의 명령에 따라 국기로 제정되었어요.

유럽

아하! 세계엔 이런 나라가 있군요

역사

1 낮은 땅에서 물을 퍼내며 살던 원주민

기원전 지금의 네덜란드 지역에서는 바다보다 땅이 낮은 자연 환경 속에서 게르만계 바타비아 족들이 갯벌의 물을 빼내 간척을 하며 살고 있었어요. 그리고 프리지 인들은 방파제를 만들어 살고 있었지요.

2 로마의 지배와 부족 국가의 성립

기원전 50년경 로마의 지배를 받게 되었어요. 400년경 로마가 게르만 족의 이동으로 물러가게 된 뒤에는 프랑크 족, 켈트 족, 색슨 족 등이 이동해 와서 부족 국가의 형태를 이루며 정착하였어요.

3 클로비스 1세가 프랑크 왕국을 세우다

6세기 초 게르만 족 중 강력한 세력을 가지게 된 프랑크 족의 클로비스 1세가 다른 세력들을 물리치고 북서유럽을 정복하고 프랑크 왕국을 세웠어요. 네덜란드 지역도 프랑크 왕국에 속하며 지배를 받게 되었지요.

4 혼란한 통치 상황이 계속되다

843년 프랑크 왕국이 분열되며 네덜란드는 홀란트 가문을 비롯한 여러 봉건 국가의 영지가 되었어요. 그러다가 1363년 부르고뉴 공국의 지배를 받게 되었고, 다시 부르고뉴 공국 후계자들의 결혼 정책에 따라 오스트리아와 합스부르크 가문의 지배를 받았어요. 그리고 1516년부터는 스페인의 왕이자 신성 로마 제국의 황제에 오른 카를 5세의 통치를 받았어요.

5 종교 개혁과 독립 전쟁

종교 개혁 동안 네덜란드 북부 지방들은 칼뱅주의로 개종을 했어요. 오라녜 공은 스페인 왕 펠리페 2세의 반(反) 종교 개혁 정책들에 저항하였고, 칼뱅주의자들에 의해 시작된 반란을 주도했어요. 이에 네덜란드와 이웃한 벨기에, 룩셈부르크가 힘을 합쳐 1566년에 스페인으로부터 독립을 위한 전쟁을 벌였지요.

6 완전한 독립을 위해!

오라녜 공의 지휘로 스페인 군을 몰아내고 7개 주가 독립을 했어요. 그러나 다시 스페인이 벨기에를 탈환하고 네덜란드를 공격하여, 1618년부터 유럽에서 30년 동안 전쟁이 벌어졌어요. 결국 스페인의 패배로 네덜란드는 1948년에 완전한 독립을 이루게 되었지요.

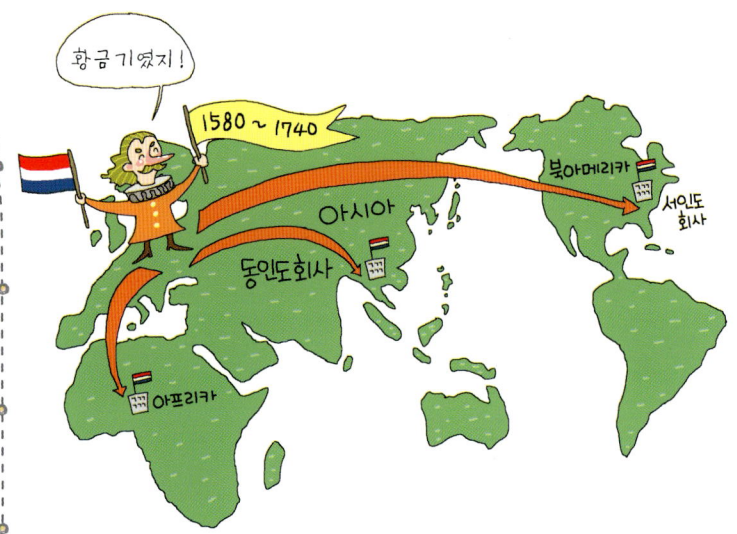

7 식민지 건설과 최고의 황금기

전쟁 중에도 상업을 발달시키고 세력을 키운 네덜란드는 동인도 회사와 서인도 회사를 세워 북아메리카와 아시아, 아프리카 등지에 진출하여 식민지를 건설했어요. 1580년부터 1740년에 걸쳐 유럽 무대에 화려하게 등장해 최고의 황금기를 맞이하기도 했지요.

8 연방 공화국이 무너지고 네덜란드 왕국이 탄생하다

1795년 프랑스의 침략을 받아 네덜란드 연방 공화국이 무너졌어요. 1806년 프랑스의 나폴레옹은 동생 루이를 네덜란드의 국왕으로 임명하였고 네덜란드는 1810년에 프랑스에 합쳐졌어요. 1814년에는 벨기에와 룩셈부르크가 포함된 네덜란드 왕국이 탄생했지요.

9 벨기에와 룩셈부르크의 독립, 뒤이은 세계 대전

1830년 종교적인 문제로 벨기에가 독립을 하였고, 뒤이어 룩셈부르크도 독립을 했어요. 1차 세계 대전 중에 네덜란드는 중립을 지켰으나 2차 세계 대전 때에는 독일군의 침입을 받기도 했어요.

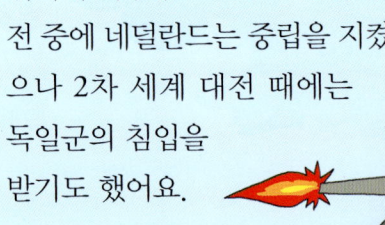

10 유럽 경제 공동체 가입

1944년 벨기에, 네덜란드, 룩셈부르크는 관세 동맹인 베네룩스를 결성하였어요. 1950년에는 300년 간 식민지로 삼았던 인도네시아가 독립하였어요. 이후 네덜란드는 북대서양 조약 기구와 유럽 경제 공동체에 가입했어요.

네덜란드! 하면 생각나는 것

1 베네룩스

네덜란드와 벨기에, 룩셈부르크는 국토의 면적이 작아서 경제적인 자립이 어려웠어요. 그래서 3국이 1944년 관세 동맹을 맺고 서로 경제적인 도움을 주며 유럽의 큰 나라들로부터 경제를 보호하기 위해 애썼어요. 그래서 이들 삼 국을 베네룩스 삼국으로 불렀어요. 베네룩스란 세 나라의 머리글자를 각각 따서 만든 이름이에요.

2 풍차와 튤립의 나라

풍차와 튤립은 네덜란드를 상징할 만큼 네덜란드와 깊은 관계가 있어요. 풍차는 낮은 지대가 많은 네덜란드에서 바람의 힘으로 물을 퍼내기 위해 오래 전부터 설치되었고, 튤립은 터키에서 수입하여 여러 품종으로 개량하고, 재배하며 네덜란드를 대표하는 주요 수출품이 되었어요.

3 하멜, 헤이그 밀사, 히딩크 감독

1653년 네덜란드의 선원, 하멜이 조선에 표류한 뒤 1666년 《하멜표류기》를 발표하여 서양에 처음으로 우리 나라의 존재를 알렸어요. 대한제국 때에는 고종이 네덜란드의 헤이그 만국박람회에 이준 열사 등의 밀사를 보내 을사조약의 부당함을 알리려고 하였지요. 또한 네덜란드는 2002년 월드컵에 대한민국을 4강에 오르게 한 히딩크 축구 감독이 태어난 나라로 널리 알려져 있기도 해요.

네덜란드를 빛낸 위인들

1 렘브란트 (1606년~1669년)

1606년에 네덜란드의 레이덴에서 태어난 렘브란트는 유화·소묘·에칭 등 다양한 분야에 통달한 화가예요. 풍부한 색채를 구사하였고, 화려한 붓놀림과 인물의 내면 묘사에 뛰어났으며 〈야경〉, 〈자화상〉, 〈탕자의 귀향〉을 비롯해 수많은 작품을 남겼어요. 강렬한 빛과 어둠을 탁월하게 묘사하여 후세에 '빛을 훔친 화가' 라는 별명을 얻게 되었어요.

2 고흐 (1853년~1890년)

렘브란트 이후 가장 위대한 네덜란드 화가로 인정받는 고흐는 현대 미술사의 표현주의 흐름에 강한 영향을 미쳤어요. 불과 10년이라는 짧은 기간 동안 그려진 그의 작품들은 강렬한 색채와 거친 붓놀림, 뚜렷한 윤곽을 지녔지요. 20세기 야수파에 큰 영향을 준 고흐는 만년에 정신 이상으로 자살하였어요. 〈감자를 먹는 사람〉, 〈해바라기〉, 〈자화상〉 등 명작들을 남겼지요. 지금은 많은 사람들이 그의 작품을 높이 평가하지만 그가 살아 있을 때는 그의 작품은 인정받지 못했답니다.

3 에라스무스 (1469년~1536년)

에라스무스는 로테르담에서 사생아로 태어나 수도원에서 자랐어요. 스무 살에 정식으로 수도사가 되어 1495년부터 파리 대학에서 신학을 연구했어요. 그 후 고전 라틴 문학을 연구하다 1499년에는 영국으로 건너가 모어와 콜렛 등의 인문학자를 알게 되었어요. 1511년 종교 비판서인 《우신 예찬》을 발표하였는데, 우매한 여신의 자기 예찬을 빌려서 종교 개혁 시대의 왕후와 귀족, 사제, 교황, 나아가서는 인간 전체에 대한 통렬한 비판과 풍자를 인문주의 입장에서 시도했어요. 《우신 예찬》은 자유롭고 자연스러운 인간상의 회복과 소박한 신앙심의 부활을 꾀한 것으로, 르네상스 정신의 등불이 되었어요.

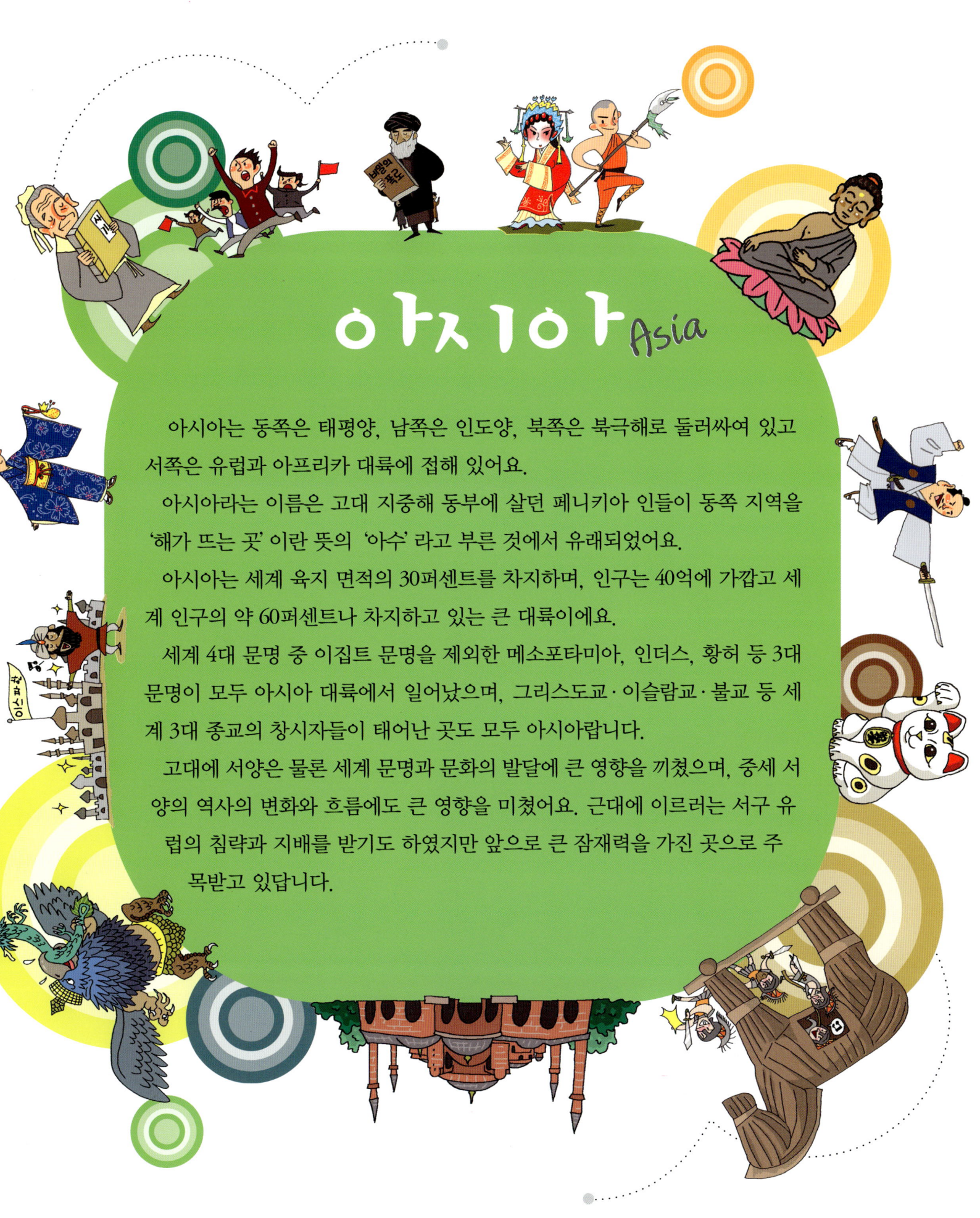

아시아 Asia

아시아는 동쪽은 태평양, 남쪽은 인도양, 북쪽은 북극해로 둘러싸여 있고 서쪽은 유럽과 아프리카 대륙에 접해 있어요.

아시아라는 이름은 고대 지중해 동부에 살던 페니키아 인들이 동쪽 지역을 '해가 뜨는 곳' 이란 뜻의 '아수' 라고 부른 것에서 유래되었어요.

아시아는 세계 육지 면적의 30퍼센트를 차지하며, 인구는 40억에 가깝고 세계 인구의 약 60퍼센트나 차지하고 있는 큰 대륙이에요.

세계 4대 문명 중 이집트 문명을 제외한 메소포타미아, 인더스, 황허 등 3대 문명이 모두 아시아 대륙에서 일어났으며, 그리스도교·이슬람교·불교 등 세계 3대 종교의 창시자들이 태어난 곳도 모두 아시아랍니다.

고대에 서양은 물론 세계 문명과 문화의 발달에 큰 영향을 끼쳤으며, 중세 서양의 역사의 변화와 흐름에도 큰 영향을 미쳤어요. 근대에 이르러는 서구 유럽의 침략과 지배를 받기도 하였지만 앞으로 큰 잠재력을 가진 곳으로 주목받고 있답니다.

5 넓은 중국 대륙을 처음 통일한 진나라

기원전 221년 주나라의 제후국 가운데 하나였던 진(秦)이 여섯 나라를 차례로 멸망시키고 중국 대륙을 통일했어요. 진나라의 시황제는 문자와 화폐, 도량형(수치를 세는 단위)을 통일하였고 북방 흉노족의 침입을 막기 위해 만리장성을 쌓기도 하였지요. 중국의 영어식 표현인 'CHINA(차이나)'는 바로 진나라의 '진'에서 생겨난 말이에요.

6 비단길을 만들어 동서 교류의 길을 트고 서역을 정벌한 한나라

농민들에 의해 진나라가 무너진 틈을 타 기원전 202년 유방이라는 사람이 새로운 나라를 세웠어요. 바로 한나라예요. 한나라의 7대 임금인 무제는 장건으로 하여금 비단길을 개척하게 하고 중앙아시아인 서역을 정벌하게 하였는데 그 결과로 동양과 서양의 교류가 활발해졌어요.

7 파란만장했던 삼국 시대

후한 말, 흉년이 계속되고 백성들의 살림은 어려워졌어요. 황건적의 난이 일어나 나라가 어수선한 때 지방 호족들이 서로 나라를 차지하겠다고 으르렁댔지요. 결국 호족들의 힘을 모은 세 나라, 즉 조조가 세운 위나라, 유비가 세운 촉나라, 손권이 세운 오나라 3국이 중국을 나누어 다스렸어요.

8 고구려에 패한 수나라

사마염이 진(晋)나라를 세워 삼국 시대는 막을 내렸으나 얼마 가지 못해 다시 남북조로 나라가 분열되었어요. 이 분열을 다시 통일한 나라가 수나라예요. 581년 통일 국가로서의 기틀을 다지고 국가 건설을 위해 대규모 토목 사업을 벌이는 등 큰 힘을 기울였지요. 그러나 고구려 정벌을 무리하게 펼쳐 을지문덕에게 패하고 결국 수나라는 멸망의 길에 들어서고 말았어요.

역사

1 베이징 원시인의 발견

약 40만 년에서 50만 년 전에 원시인이 살았던 흔적이 베이징에서 발견되었어요. 그 원시인을 베이징에서 살았던 원시인이라고 해서 '베이징 원시인'이라고 부르지요. 이 베이징 원시인은 원숭이처럼 꾸부정하게 걷지 않고 똑바로 서서 걸었고, 간단한 도구를 만들어 사용했으며, 불을 이용할 줄도 알았어요.

2 황허 문명의 발생

세계 문명의 중심이 된 4곳이 있는데 그 중의 하나가 바로 중국의 황허 문명이에요. 나머지 3곳은 유프라테스 강과 티그리스 강 주변에서 발생한 메소포타미아 문명, 나일 강을 중심으로 한 이집트 문명, 인도 인더스 강을 중심으로 한 인더스 문명이지요. 황허 문명은 신석기 시대부터 철기 시대까지 씨족 단위로 마을을 형성하고 움집 생활을 했으며, 토기를 사용했어요.

3 고대 국가의 탄생과 발전

중국의 역사는 고대 국가의 형태를 갖춘 하나라, 하나라를 무너뜨리고 새로운 왕조를 세우고 갑골 문자를 만들어 사용한 은나라, 은나라를 무너뜨리고 봉건 제도를 시작한 주나라로 이어져요. 봉건 제도란 천자가 여러 제후에게 토지를 나누어 주고, 제후가 각자의 지역을 통치하는 국가 조직을 말하는데, 주나라 때 시작된 것이에요.

4 춘추 전국 시대와 학문의 발전

주나라 왕실의 힘이 약해지자 각 지방을 다스리는 제후들이 중국의 새 주인이 되기 위해 서로 치열하게 다투었는데, 이때가 바로 춘추 전국 시대예요. 나라는 어지러웠지만 공자와 맹자, 순자, 노자 같은 사상가들이 활동하며 학문이 발전하게 되었어요.

아시아

중국 China

정식 명칭	중화 인민 공화국
위치	아시아 동부
면적	9,572,900km²
인구	1,288,892,000명
언어	중국어
종교	불교, 도교, 이슬람교
정치	인민공화제·국가주석
화폐	위안
수도	베이징

중국의 국기는 '오성홍기'라고 불려요. '다섯 개의 별이 있는 빨간 색 기'라는 뜻으로, 빨강 바탕에 왼쪽 윗부분으로 큰 별 하나를 중심으로 4개의 별이 둘러싸고 있는 모양이지요. 별의 색깔은 노란색이고요. 빨강은 혁명을 상징하는 전통적인 색이고, 큰 별은 중국 공산당을, 큰 별을 둘러싸고 있는 4개의 별은 중국 인민을 구성하는 4계급(노동자, 농민, 지식인, 민족 자본가)을 대표하며, 노란색은 황인종을 상징해요. 1949년에 중국 공산당 정부를 탄생시킨 인민 정치 협상회의에서 결정했어요.

아시아

아하! 세계엔 이런 나라가 있군요

China 중국

중국은 세계에서 인구가 가장 많은 나라예요. 러시아와 캐나다에 이어 중국은 세계에서 3번째로 큰 영토를 가지고 있어요. 세계 4대 문명 중 하나인 황허 문명이 싹튼 곳이며, 5000년이 넘는 오랜 역사 속에 수많은 민족과 나라들이 중국을 거쳐 갔어요. 나라의 정식 명칭은 '중화 인민 공화국'이며 '중화'라는 말은 세계의 중심, 또는 세계 문화의 중심이라는 뜻이에요. 중국에는 만리장성이나 진시황릉 같은 오랜 역사를 지닌 문화유산이 많이 있어요. 수도는 베이징이에요.

자금성
경극

9 당나라의 등장과 한반도의 정세

618년 수나라에 이어 등장한 당나라는 정치와 경제, 문화가 모두 발달한 나라였어요. 하지만 역시 고구려를 두 차례나 공략하다 오히려 고구려에게 크게 패하고 말았지요. 이에 신라와 나당연합군을 결성하여 고구려를 멸망시켰지만 신라와의 전투에서 패해 한반도에서 물러나게 되었어요. 당나라는 후에 황소의 난으로 멸망하였답니다.

10 원나라의 지배를 받게 된 중국 대륙

당나라 이후 학문을 숭상하는 송나라가 세워졌어요. 하지만 힘이 약해 몽골 제국 칭기즈 칸의 손자인 쿠빌라이 칸에게 멸망을 당했어요. 쿠빌라이 칸은 원나라를 세워 1216년부터 1368년까지 중국 대륙을 통치하였으나 농민을 이끌고 원에게 대항한 주원장에게 망해 명나라가 세워졌어요.

11 복고주의와 쇄국 정책을 편 명나라, 그리고 중국의 마지막 왕조가 된 청나라

수도를 베이징으로 옮긴 명나라는 중국 고유의 제도로 돌아간다는 복고주의 방침 아래 적극적으로 내정 개혁에 착수했어요. 반외세 감정이 절정에 달하고 쇄국 정책의 길을 걷게 되었지요. 결국 명나라는 만주족이 세운 청나라에 의해 망하게 돼요. 그러나 청나라도 아편 전쟁, 청일 전쟁 등 유럽과 일본 등 새로운 강대국들에 의해 힘이 약해지고, 결국 중국의 마지막 왕조가 되고 말았어요. 쑨원을 중심으로 한 혁명파가 신해혁명으로 왕조를 무너뜨리고 1912년 중화민국을 세웠어요.

12 국민당과 중화민국 vs 공산당과 중화 인민 공화국

쑨원이 죽자 장제스가 후계자가 되어 국민 정부를 세웠지만 중국 공산당과 대립했어요. 일본이 중국을 침략하자 국민정부와 공산당은 한 편이 되어 대항했지만, 일본이 패망하자 국민정부와 공산당 정권은 다시 적이 되어 내전을 벌였어요. 결국 국민정부가 중국 공산당에게 패해 타이완으로 도망가고 중국 공산당은 1949년 중화 인민 공화국을 세워 오늘에 이르게 되었어요.

아시아

중국 China

1 황허 강과 양쯔 강

양쯔 강은 6,300km로, 중국의 중심부를 흐르는 아시아에서 제일 큰 강이에요. 나일 강과 아마존 강에 이어 세계에서 세 번째로 긴 강으로, 장강(長江)이라 불리기도 해요. 5,464km 길이의 황허 강은 중국 서부에서 북부로 흐르는 강이에요. 일찍이 황허 문명이 탄생한 곳으로, 황토와 뒤섞인 누런 강물이 쉼 없이 흐른답니다.

2 세계에서 가장 긴 성벽, 만리장성

만리장성은 중국 역대 왕조가 외적의 침입으로부터 국경을 지키기 위해 세운 방어용 성벽으로, 춘추 시대에 처음 성을 쌓기 시작했어요. 전국 시대를 통일한 진시황제가 흉노의 침입을 방어하기 위해 본격적으로 쌓았는데 명나라 때에 이르러서야 완성되었어요. 인류 역사상 가장 큰 토목 공사 유적이에요.

3 진시황릉

진나라를 통일한 시황제의 무덤이에요. 진시황은 죽음에 대비해 50㎢에 달하는 무덤 부지와 그 속에 묻을 부장품들을 마련해 두었어요. 그 속에 든 보물들은 시황제가 죽은 후 약 2100년이 지나서야 빛을 보게 되었지요. 6,000구가 넘는 실물 크기의 병사와 병마 도용, 철제 농기구, 청동 및 가죽 재갈, 비단·아마·옥·뼈 등으로 만든 물건들이 출토되었고, 활·화살·창·칼과 같은 무기들도 발견되었는데, 매우 정교하게 만들어져 지금도 많은 관심을 받고 있어요.

4 쿵푸와 경극

쿵푸는 중국의 전통 무술이에요. 기원전 5세기에 신체를 단련하기 위한 운동으로 시작되어 무술로 발전하여 오늘에 이르고 있어요.
또한 경극은 중국을 대표하는 극 전통 예술 중의 하나로 24개 이상의 장면으로 구성되며 정형화된 춤, 노래, 검무, 펜터마임 등을 12명의 배우가 극에 참가해 보여 주지요.

빛낸 위인들

1 공자 (기원전 551년~기원전 479년)

중국 춘추 시대의 학자이자 사상가예요. 주의 제후국인 노나라 사람으로 세 살 때 아버지를 잃고 어머니에게 가르침을 받았는데, 10대에 벌써 지칠 줄 모르는 향학열로 이름이 높았어요. 그는 "배움이란 지식을 얻기 위한 것일 뿐만 아니라 인격의 도야까지도 포함한다."고 주장했어요. 여러 나라를 돌아다니며, 인(仁)을 정치와 윤리의 이상으로 하는 도덕주의를 설파하였고, 덕으로 나라를 다스리는 정치를 강조했지요. 교육에 전념하여 3,000여 명의 제자를 길러 냈고, 《시경》과 《서경》 등의 중국 고전을 정리했어요. 후에 그의 제자들이 그의 언행을 기록하여 《논어》 7권을 편찬했어요.

2 맹자 (기원전 372년~기원전 289년)

중국 전국 시대의 사상가로 공자의 뒤를 이어 유학을 크게 발전시킨 인물이에요. 귀족 가문의 자손으로 어릴 때 아버지가 돌아가시고 어머니가 교육하였는데, 맹자를 위해 세 번이나 이사를 했다는 유명한 이야기가 전해져요. 기원전 320년경에 15년을 전국을 돌아다니며 도덕 정치인 왕도(王道)를 주장했어요. 《맹자》는 맹자의 사상을 담은 책으로 인간의 성선설(性善說)을 주장하고 있는데, 사서삼경 중의 하나로 유교의 중요한 고전이 되었어요.

3 진시황제 (기원전 259년~기원전 210년)

기원전 221년에 중국을 통일하고 진(秦)나라의 제1대 황제가 되어 스스로 시황제라 칭하였어요. 강력한 중앙 집권을 확립하고, 도량형과 화폐를 통일하였으며, 만리장성의 증축과 아방궁의 축조, 분서갱유 등으로 위세를 떨쳤어요. 신처럼 생활하던 시황제는 순행을 하던 도중에 죽었고, 우주의 상징적인 형태를 본떠 만들어진 거대한 능에 묻혔어요.

4 사마천 (기원전 145년~기원전 86년)

사마천은 중국 전한 시대의 역사학자로, 태사령을 지낸 사마담의 아들로 태어났어요. 태사령이란 천문 관측, 달력의 개편, 국가의 큰일과 조정 의례의 기록 등을 맡는 직책이었죠. 아버지가 죽자 사마천은 아버지가 못다 이룬 꿈이었던 중국 역사서의 집필을 시작하였어요. 그러나 역사서를 완성하기도 전에 당시 평판이 나빴던 이릉 장군을 변호하다가 무제의 뜻을 거스르게 되어 궁형을 선고 받았어요. 궁형이란 죄인의 생식기를 없애는 형벌을 말해요. 그 후 사마천은 역사서 완성에 몰두했고 《사기》를 완성했어요.

아시아

중국 China

인도
India

남부 아시아를 대표하는 큰 나라로 인도를 꼽을 수 있어요. 인도의 국토 면적은 세계 7위이며, 중국 다음으로 세계에서 인구가 많은 나라예요. 세계 4대 문명 중 하나인 인더스 문명이 생겨난 곳으로, 오랜 역사를 자랑하는 나라답게 화려한 문화를 꽃피웠어요. 또한 인도는 불교가 처음 생겨난 곳으로 힌두교·불교·이슬람교 등 다양한 종교가 번성하기도 했어요. 영국이 인도를 식민지로 삼아 지배하다 1912년에 수도를 델리로 옮기며 뉴델리라는 새로운 계획도시를 건설했는데, 그 신도시가 1931년 인도의 새로운 수도가 되었어요.

갠지스 강

부처

소개 및 국기

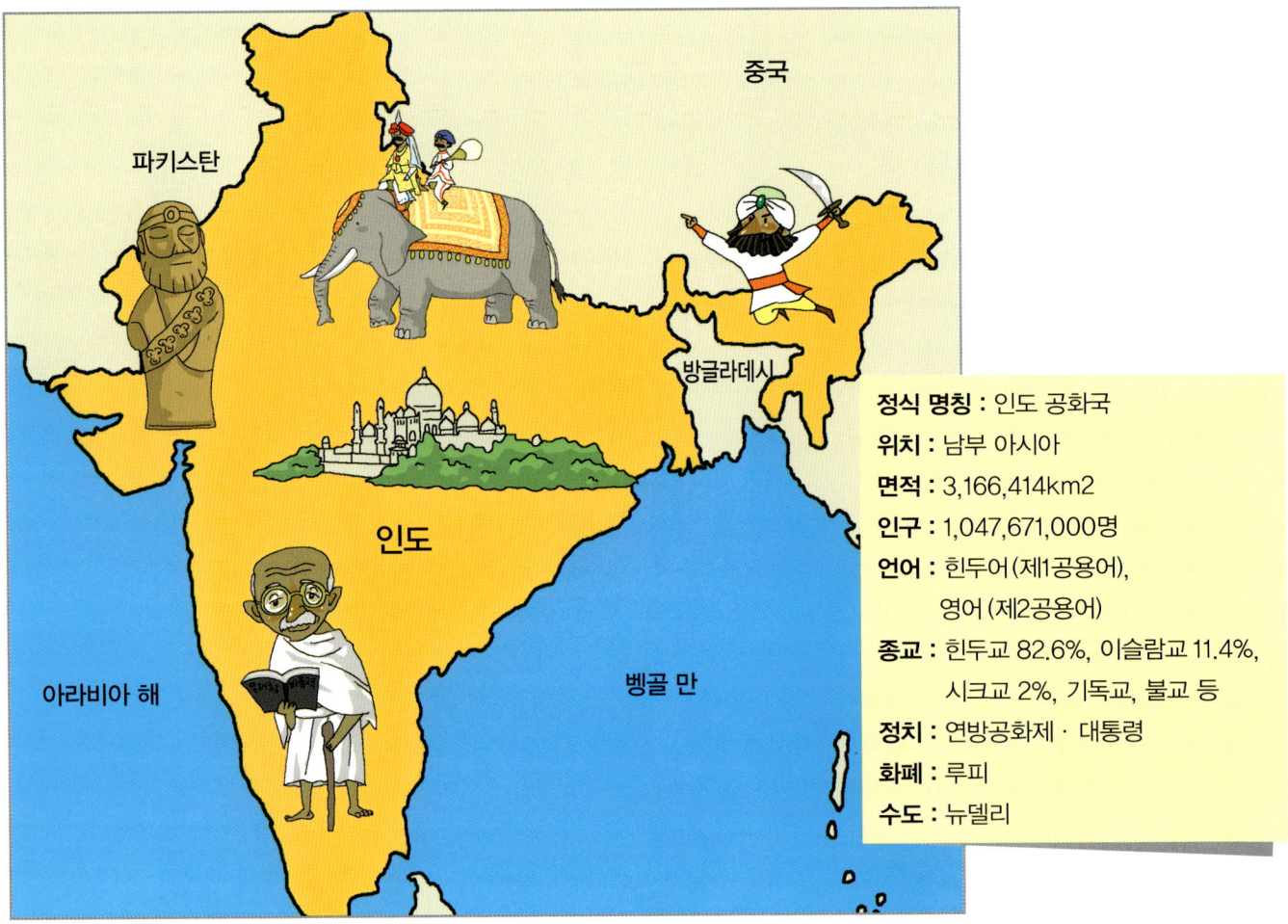

정식 명칭 : 인도 공화국
위치 : 남부 아시아
면적 : 3,166,414km2
인구 : 1,047,671,000명
언어 : 힌두어(제1공용어),
　　　　영어(제2공용어)
종교 : 힌두교 82.6%, 이슬람교 11.4%,
　　　　시크교 2%, 기독교, 불교 등
정치 : 연방공화제 · 대통령
화폐 : 루피
수도 : 뉴델리

인도의 국기는 폭이 같은 세 가지 색이 수평으로 나란히 있는 삼색기예요. 위는 주황색, 가운데는 흰색, 아래는 초록색이며, 주황색은 용기와 희생을, 흰색은 진리와 평화를, 초록은 평등과 기사도를 상징해요. 가운데의 하얀색에는 '차크라(물레)'라고 하는 파란색 문장이 그려져 있는데, 이는 아소카 왕의 불전결집에서 취한 것으로 '법의 윤회'를 뜻해요. 또한 삼색 중 주황색은 힌두교를, 초록은 이슬람교를 의미하며 가운데의 흰색은 힌두교와 이슬람교를 통일하여 인도의 통일을 이루는 의미로 표현한 것이랍니다. 1947년 인도가 독립을 이룬 뒤 입법 의회에서 제정되었어요.

역사

1 인더스 문명의 시작

세계 4대 문명의 하나인 인더스 문명은 기원전 2500년부터 기원전 1500년까지 인더스 강 유역에서 번성했던 고대 문명이에요. 모헨조다로와 하라파 등에 유적이 남아 있어요. 포장된 도로와 벽돌집, 채색된 토기를 사용하였고, 여러 종류의 농작물과 가축 따위를 길렀어요. 메소포타미아·이집트 문명과 함께 세계 최초의 문명을 이루는 인더스 문명은 그 가운데 가장 널리 퍼져 있었던 문명이라 할 수 있어요.

2 아리안 족의 침입과 카스트 제도의 성립

아리안 족이 기원전 2000년에서 1500년경에 인더스 강 유역에 침입해 드라비다 인을 정복했어요. 그들은 원주민을 다스리기 위해 카스트라는 신분 제도를 만들고 높은 자리를 차지하였지요. 승려 계급인 브라만, 귀족과 무사 계급인 크샤트리아, 평민인 바이샤, 노예인 수드라의 네 계급으로 나뉘어져 있어요. 카스트 제도는 오늘날까지 이어져 인도의 근대화를 방해했어요.

3 도시 국가의 형성과 불교의 발생

갠지스 강 유역으로 진출한 아리아 인들은 서서히 도시 국가를 형성하였어요. 그리고 기원전 4세기까지 서로 정복 전쟁을 펼쳤어요. 이 정복 전쟁에서 마가다 왕국이 카시, 코살라, 비데하 등을 차례로 정복하여 인도 대륙의 강자가 되었지요. 그리고 기원전 500년경 불교와 자이나교가 발생하였어요.

4 인도를 최초로 통일한 마우리아 왕조

마가다 왕국의 크샤트리아 계급 출신인 찬드라 굽타 마우리아가 기원전 321년 난다 왕조를 멸망시키고 마우리아 왕조를 세웠어요. 서쪽으로는 아프가니스탄, 동쪽으로는 벵갈 지역에 이르는 인도 역사상 최초의 통일 왕국을 건설하였지요. 3대 왕인 아소카 왕은 지배 영역을 확대하여 남서부의 타밀 지역을 제외한 전 인도를 통일하였으며 불교를 발전시키는 큰 공을 세웠어요.

5 간다라 미술과 대승불교를 발전시킨 쿠샨 왕조

쿠샨 왕조는 기원 전후 쿠줄라 카드피세스 때에 다른 네 명의 제후를 쓰러뜨리고 힌두쿠시 이남으로 진출하여 간다라를 지배했어요. 이후 카니슈카 왕은 사방으로 영토를 넓히는 등 쿠샨 왕조의 전성기를 이루었지요. 대승불교가 이때 성립되어 발전하였고, 간다라 미술 등 특색 있는 문화가 형성되었어요. 그러나 226년 사산 왕조가 이란에서 일어나 아프가니스탄을 합치자 쿠샨 왕조는 그의 속국이 되었어요.

6 인도 제국의 황금기, 굽타 왕조

101년 찬드라 굽타 1세가 굽타 왕조를 세우고 그 뒤를 이은 찬드라 굽타 2세는 대제국으로서의 절정기를 맞았어요. 그러나 찬드라 굽타 2세 때부터 중앙아시아의 유목민인 훈족 등의 침입이 시작되었고, 굽타 왕조는 606년 훈족에 의하여 멸망하고 말았어요.

7 이슬람이 세운 무굴 제국

티무르의 후예, 바부르가 북인도에 침입해 로디 왕조를 무너뜨리고 무굴 제국을 세웠어요. 악바르 황제 때에 제국의 기초를 확립하고 아우랑제브 황제 때 인도 데칸 지방까지 차지하여 전성기를 이루었지요. 그러나 그 후 내란 등으로 급속히 쇠퇴하게 되었어요.

아시아

8 영국의 식민지가 된 인도

무굴 제국이 다스리던 인도는 1757년 영국과 플라시 전투를 벌이게 되었고, 실질적으로 영국 치하에 들어가게 되었어요. 1857년에는 세포이 반란을 거쳐, 1858년에 결국 영국의 식민지가 되었어요. 인도 국민회의를 중심으로 독립 운동이 전개되었는데, 이때 간디는 영국 정부의 강경책에 대응해서 민중들이 폭력을 사용하여 사태를 악화시키는 것을 저지시키면서 무저항·불복종·비폭력·비협력주의 독립 운동을 지휘했어요.

9 인도와 파키스탄으로 나뉘다

1947년 8월 15일 약 200년 동안의 영국 지배로부터 독립을 이루었지만 인도 대륙이 다시 힌두교와 이슬람교를 중심으로 인도와 파키스탄으로 분리되었어요. 힌두교권의 지도자인 네루는 델리에서 인도의 초대 수상에 취임했고, 회교권의 지도자인 무하마드 알리 진나는 카라치에서 파키스탄의 초대 대통령에 취임했어요. 인도의 분리 독립을 반대했던 간디는 안타깝게도 1948년 힌두교 광신자에 의해 암살되고 말았지요.

10 연방제 공화국이 되다

1950년 인도는 새로운 헌법을 공포하고 연방제 공화국이 되었어요. 독립 이후 간디와 네루가 이끌었던 의회당은 네루의 영향력 아래 인도를 통치하게 되었고, 후에는 네루의 딸과 손자가 1970년대와 1980년대의 짧은 기간을 제외하고는 계속해서 인도를 통치하였어요.

인도! 하면 생각나는 것

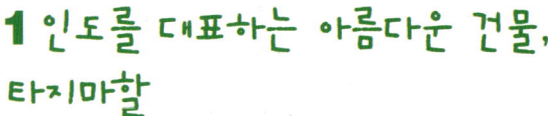

1 인도를 대표하는 아름다운 건물, 타지마할

인도의 아그라에 있는 궁전 형식의 이슬람교 묘당이에요. 무굴 제국 황제 샤자한이 너무나 사랑했던 왕비, 뭄타즈 마할이 세상을 떠나자 그녀를 위하여 만든 무덤이랍니다. 타지마할이란 '마할의 왕관'이라는 뜻이에요. 타지마할을 이루고 있는 하얀 대리석은 각도에 따라 다른 색감을 보이는데 아침과 한낮, 석양 무렵, 달빛에 따라서도 느낌이 달라요. 특히 달밤의 타지마할의 아름다움은 말로 표현하기가 힘들 정도예요. 인도·페르시아 양식의 대표적 건물로서 세계적으로도 매우 유명해요.

2 1000년 동안 잠자던 불교 예술의 보물 창고, 아잔타 석굴

아잔타 석굴은 인도 서부의 고대 불교 석굴이에요. 인도 서부 아잔타 마을 근처에 있는 절벽을 파내어 만든 동굴 사원이자 수도원이지요. 1819년 호랑이 사냥을 하던 영국인 병사가 우연히 발견했어요. 1000년 동안 잠자던 아잔타 석굴은 말발굽처럼 굽은 계곡에 30여 개의 동굴이 있는데, 그 길이가 1.5km에 달해요. 동굴 안에는 불교 벽화와 조각 등이 많이 남아 있어 불교 예술의 보물 창고이며, 건축·미술·불교사 연구의 중요한 역사적 자료가 되고 있지요.

3 성처럼 견고하고 궁전처럼 아름다운 아그라 성

멀리 타지마할이 아련하게 보이는 아그라는 무굴 제국의 왕 악바르가 적의 공격을 방어하기 위해 세운 성이에요. 견고한 성벽 둘레에는 적의 침입을 어렵게 하기 위해 작은 강을 만들어 놓았어요. 악바르의 손자이며 타지마할을 세운 샤자한이 왕이 되어 이곳에 아름다운 건축물을 더 지으면서 궁전의 기능까지 하게 되었다고 해요. 그러나 샤자한의 아들 아우랑제브가 아버지로부터 권력을 빼앗고 샤자한을 이 성에 가두고 죽을 때까지 감금했어요.

인도를 빛낸 위인들

1 석가모니 (기원전 7세기 경)

석가는 샤키아 부족의 명칭이고, 모니는 깨달은 자라는 뜻이에요. 본래의 성은 고타마, 이름은 싯다르타인데, 뒤에 깨달음을 얻어 '붓다' 혹은 '부처'라 불리게 되었어요. 인도의 히말라야 근처에 있는 카필라 성의 왕자로 태어난 싯다르타는 안락하고 행복한 생활을 하던 중에 궁전 밖으로 나갔다가 백성들의 고통을 목격했어요. 그 뒤 사람이 태어나고, 병들고, 죽는 일에 대하여 깊이 생각하다가 깨달음을 얻기 위하여 스물아홉 살에 출가했어요. 6년간의 고행 끝에 부다가야 부근 보리수 밑에서 깨달음을 얻었어요. 그 후 45년의 긴 세월에 걸쳐 돌아다니며 설법과 교화를 계속한 그는 자비를 최고의 덕으로 삼았고, 사람은 누구나 진리를 깨달을 수 있으며, 그로 인하여 부처가 될 수 있다는 가르침을 주었어요.

2 타고르 (1861년~1941년)

인도의 시인이며 철학자예요. 타고르는 캘커타에서 태어나 인도 고유의 종교와 문학적 교양을 닦았고, 1877년 영국에 유학하여 법률을 공부하며 유럽 사상을 접하였어요. 귀국 후 농장을 관리하며 농촌 개혁에 뜻을 두었고 동시에 현실성 있는 작품을 쓰게 되었어요. 1909년에 발표한 시집 《기탄잘리》로, 1913년 아시아 인으로는 처음으로 노벨 문학상을 받았어요. 그 뒤 세계 여러 나라를 돌아다니면서 동서 문화의 융합에 노력하였고, 인도의 교육과 독립 운동에도 힘을 쏟았어요.

3 간디 (1869년~1948년)

인도의 정치가이자 민족 운동 지도자였던 간디는 1869년 포르반다르에서 태어났어요. 그 당시 인도는 영국의 지배를 받고 있었지요. 간디는 어려서는 인도에서 교육을 받았으나 1887년 영국 런던으로 유학 길에 올랐고, 1891년 변호사 자격증을 땄어요. 1893년 소송 사건을 의뢰받아 남아프리카로 갔는데 그곳에서 백인들에게 박해받는 인도인들을 보게 되었어요. 그는 20여 년을 인종 차별 반대 투쟁을 벌이며 아프리카에서 활동했어요. 그때 처음으로 사티아그라하(비폭력과 진실의 힘으로 상대방이 스스로 잘못을 깨닫게 하는 것) 운동을 펼쳤으며, 인도로 돌아와서 독립 운동을 이끌었어요. 그는 지금도 인도인들의 가슴에 남아 '위대한 혼'이라는 뜻의 '마하트마'로 불리고 있어요.

Japan 일본

일본은 아시아 대륙의 동쪽에 자리잡고 있는 섬나라예요. 홋카이도·규슈·시코쿠·혼슈 등 4개의 큰 섬과 4천여 개의 작은 섬들이 남북으로 길게 줄을 지은 모양을 하고 있지요. 일본은 2개의 커다란 대륙판이 만나는 지점에 위치해 화산 폭발과 지진이 자주 일어나요. 휴화산인 후지산은 일본의 대표적인 산이에요. 국토의 3/4 정도가 산지로 이루어져서 농사를 지을 땅이 부족한 편이지만 2차 세계 대전 후 산업이 빠른 시간 내에 크게 발달해 세계 경제의 중요한 부분을 차지하고 있어요. 수도는 도쿄예요.

소개 및 국기

정식 명칭	일본
위치	동북아시아
면적	377,835km²
인구	127,347,000명
언어	일본어
종교	신도, 불교, 기독교 등
정치	입헌 군주제 · 국왕
화폐	엔화
수도	도쿄

일본의 국기는 흰 바탕의 중앙에 빨간색 원이 그려진 무척 단순한 모양이에요. '일장기(닛쇼키)' 또는 '히노마루'라고 부르는데 빨간색 원은 태양을 상징해요. 일본이라는 이름은 '해의 근본이 되는 나라, 즉 해가 떠오르는 왕국' 이란 뜻을 갖고 있어요. 국기의 유래는 확실하지 않으나 1854년경 일본 배를 다른 배와 구별하기 위해 달게 된 깃발에서 유래했다고 해요. 1872년 메이지 왕 시절 최초로 철도가 개통되었을 때 식에서 처음으로 사용하였고 지금에 이르고 있어요. 1999년에는 가로세로 비율을 3:2로 하고 빨강 원의 지름을 세로 길이의 3/5로 하는 등의 내용이 국회에서 확정되었어요.

역사

1 북쪽에서 내려왔을까? 남쪽에서 올라갔을까?

현재의 일본인이 어떻게 형성되었는지는 명확하지 않아요. 북쪽에서 내려왔을 것이라는 '북방 도래설'도 있고 남쪽에서 올라왔을 것이라는 '남방 도래설'도 있지요. 하지만 학계에서는 한반도를 거쳐 건너온 퉁구스계 종족에 동남아시아에서 온 종족이나 아이누계 종족 등이 일본 민족을 이룬 것으로 추측하고 있어요.

2 한반도에서 쌀농사법이 전해지다

기원전 300년에서 200년 전쯤에 한반도에서 쌀농사를 짓는 법이 일본으로 전해졌어요. 이때를 야요이 시대라고 해요. 촌락이 형성되어 여러 지역에 작은 나라들이 생겨나기 시작했으며, 사람들은 금속으로 칼이나 도구 등을 만들어 사용했어요.

3 문화를 크게 일으킨 아스카 시대

4세기경 야마토 지방의 호족들이 연합하여 야마토 정권을 세웠어요. 이들은 왕을 '천황'이라 불렀고 점차 그 세력을 넓혀 나중에 일본 영토의 대부분을 지배했어요. 일본 최초의 통일 국가였지요. 6세기경 쇼토쿠 태자는 천황을 대신해 정치적 기반을 다졌고 한반도의 고구려·백제와 교류하며 불교와 문화를 받아들여 일본 문화의 수준을 크게 높였어요. 이때를 아스카 시대라고 해요.

4 중앙 집권을 강화한 나라 시대

7세기에 들어서 중앙 집권이 절정기를 이루었어요. 710년에는 도읍지를 나라 지방으로 옮기고 헤이조쿄라는 도읍지를 건설했어요. 중국 당나라의 제도를 본떠 율령 제도를 정치 제도로 삼았고 백제와의 문화 교류도 활발히 했어요. 그러나 거국적으로 온 나라에 사찰을 짓고, 큰 불상을 만드느라 국민들은 몹시 힘든 나날을 보내야 했답니다.

아시아

일본 Japan

5 무사 계급이 생겨나고, 일본 문자 '가나'가 만들어지다

귀족들의 세력이 커지자 왕은 794년 쿄토 헤이안에 성을 세워 도읍지를 옮겼어요. 그렇지만 귀족들의 세력은 점점 커졌고, 그들이 갖은 행패를 부리자 이에 반발한 무사 계급이 생겨났어요. 일본의 문자인 '가나'도 이때 만들어졌지요.

6 가마쿠라 막부 시대가 시작되다

1192년 미나모토 요미토모라는 무사가 세력을 키워 가마쿠라에 막부(바쿠후, 1192년에서 1868년까지 일본을 통치한 쇼군의 정부)를 세웠어요. 이후 700년 동안 바쿠후 체제가 유지되었고, 봉건 영주들이 일본을 다스렸어요. 이때의 집권자를 장군이라는 뜻의 '쇼군'이라고 불렀지요. 이때를 가마쿠라 막부 또는 가마쿠라 시대라 불러요.

7 혼란이 거듭된 전국 시대

고다이 천황이 천황 중심의 정치를 펴자 이에 반대한 무사 출신의 아시카가 다가우지란 인물이 새로운 왕을 세웠고, 천황은 남쪽에 따로 정부를 세웠어요. 이에 북쪽의 아시카가가 세운 정권과 남쪽의 천황이 세운 정권이 서로 권력을 차지하기 위해 다툼을 벌였는데 이때를 전국 시대라고 해요.

8 전국 통일과 임진왜란의 패배

그 후 오다 노부나가라는 인물이 등장해 아시카가의 쇼군을 몰아내었어요. 그 뒤를 이어 도요토미 히데요시가 일본 전국을 통일하였지요. 반대 세력을 없애려고 전쟁을 일으켜 두 차례나 조선을 침략했는데 이 전쟁이 바로 임진왜란이에요. 일본은 전쟁에서 패하고, 도요토미 히데요시의 뒤를 이어 도쿠가와 이에야스가 정권을 잡았어요.

9 평화로웠던 에도 시대

도쿠가와 이에야스는 적들을 물리치고 세력을 키워 에도(현재의 도쿄)에 막부를 수립했고 그 이후 260년 동안 에도 시대가 계속되었어요. 이때는 전쟁이 없는 평화로운 시대였으며 무사 계급이 농민과 상공업자를 지배하였어요. '조닌'이라는 새로운 상공업자들이 생겨나 경제력을 키우며 문화를 발달시키기도 하였지요.

10 막부 시대가 막을 내리다

1853년 미국의 페리 제독이 함대를 몰고 일본에 개방 압력을 가했어요. 일본은 미국과 조약을 맺고 개방을 해야만 했지요. 새로운 물결이 일자 막부의 정치를 비판하는 목소리가 높아지고 1867년 막부 세력은 천황에게 국가의 통치권을 돌려주었어요. 다시 중앙 집권 통일 국가를 이루게 된 것이었지요. 이로써 막부 시대가 막을 내리게 되었어요.

11 메이지 유신과 제국주의

천황은 수도를 도쿄로 옮기고 연호를 '메이지'라고 했어요. 이때 일본은 외국의 앞선 문물을 받아들이고 정치 개혁을 하였는데 이를 '메이지 유신'이라고 해요. 정부의 주도로 산업 혁명이 일어났고, 중국 청나라, 러시아 등과 전쟁을 일으켰어요.

12 대륙 진출과 태평양 전쟁에서의 패배

대륙으로 진출한 일본은 조선을 식민지로 지배하고 만주에 만주국을 세웠어요. 독일, 이탈리아와 3국 동맹을 맺고 아시아를 지배하려고 하였지요. 그러나 미국, 영국 등 연합국과 대립하여 태평양 전쟁이 일어났고, 미국의 원자폭탄이 히로시마에 떨어지자 1945년 8월 15일 연합국에게 무조건 항복했어요.

13 경제 대국으로 성장

일본은 태평양 전쟁으로 막대한 피해를 입고 미군의 통치를 받았어요. 하지만 한국 전쟁에서 경제 부흥의 발판을 마련한 뒤, 1951년 미일 안보 조약에 의해 주권을 되찾았지요. 그 후 자유 진영에 가담해 경제 대국으로 성장하여 오늘에 이르고 있어요.

일본! 하면 생각나는 것

1 백로가 춤추는 듯한 히메지 성

히메지 성은 일본이 자랑하는 옛 성이에요. 히메지 시의 중심에 위치하고 있으며 1600년~1609년에 도쿠가와 이에야스의 사위 이케다 테루마사가 세웠다고 해요. 일본 성곽 건축의 대표적인 작품으로 바닥에 15m의 돌담을 쌓고 그 위에 세운 성이에요. 대천수각과 소천수각 등 총 83개의 건물들로 이루어져 있어요. 대천수각은 밖에서 보면 5층이지만 안은 7층으로 된 독특한 구조로 해발 고도가 92m에 이르지요. 회반죽으로 칠해진 하얀색의 외벽과 그 위를 덮은 기와의 모습이 한 마리 백로가 춤을 추는 모습 같다 하여 '백로 성'이라고도 불려요.

유네스코 세계 유산으로 등록되어 있지요!

2 전통 가극, 가부키

가부키는 일본의 대중적인 고전 연극이에요. 가부키라는 말은 노래를 뜻하는 가(歌)와 무용을 뜻하는 부(舞), 솜씨를 뜻하는 기(伎)가 합쳐진 말이에요. 음악과 춤, 무언극, 호화로운 무대 의상이 어우러져 있는 연극으로 에도 시대 초기에 이즈모노 오쿠니라는 여성에 의해 시작되어 전파되었어요. 그 후 기녀들이 만들어 낸 '여자 가부키', 미소년을 여성 상대역으로 등장하는 '와카슈 가부키', 성인 남자만이 등장하는 '야로 가부키'가 생겨났어요.

가부키는 일본의 대중적인 고전 연극으로 노래, 춤 솜씨를 뜻하지.

3 목판화 우키요에

일본 에도 시대에 성행했던 풍속화의 한 양식으로, 현실 생활을 주로 그린 일본식 목판화를 우키요에라고 해요. 가부키 배우의 연기 모습과 일반 시민의 일상 생활과 풍속 등을 내용으로 강렬하고도 선명한 색채와 간단명료한 선을 사용하여 그림을 표현했어요. 고흐나 고갱 등 서양 미술의 후기 인상파 화가들에게 큰 영향을 주기도 하였지요.

유럽 화가들에게 영향을 주었어요.

바로 이거야!

4 전통 의상 기모노

일본의 전통 의상으로 '고소데'라는 옷이 변화되면서 생겨났어요. 고소데는 헤이안 시대에 오소데(소맷부리가 넓은 옛날의 예복) 밑에 입는 통소매의 속옷을 가리키는 말이었어요. 나중에 고소데를 겉옷으로 입기 시작하였고, 무로마치 시대에는 그것을 길게 만들어 입기 시작한 것을 기모노라고 부르기 시작했다고 해요. 무로마치 시대까지만 해도 기모노는 남녀구분이 없었으나 에도 시대에 들어와서는 여성의 기모노가 화려해지기 시작해 기녀들에 의해서 다양하고 화려한 형태로 변했어요.

일본을 빛낸 위인들

1 오다 노부나가 (1534년~1582년)

고대 일본의 귀족 가문인 후지와라 씨 출신의 무사로, 일본 전국 시대의 통일에 밑거름이 된 인물이에요. 1568년에는 교토를 장악하고 막부를 재건해 실권을 쥐었고, 1573년에는 아시카가를 교토에서 추방함으로써 무로마치 막부 시대를 끝냈지요. 구체제·구관습의 타파, 금은 광산의 경영, 화폐의 주조, 도로·교량의 정비 등 혁신적인 정책으로 새 시대를 열었어요. 혼노사에서 부하인 아케치 미쓰히데가 모반을 일으켰고, 그의 습격을 받아 오다 노부나가는 자살하였어요.

2 도쿠가와 이에야스 (1543년~1616년)

일본의 마지막 바쿠후인 도쿠가와 바쿠후를 창시한 사람이에요. 그는 오다 노부나가와 동맹을 맺고 그의 힘을 빌려 동해 지방에 일대 세력을 구축하였지요. 도요토미 히데요시가 죽자, 1603년 세키가하라 전투에서 그의 지지 세력을 제거하고 지방 제후를 압도하여 일본 전역의 실권을 장악하였어요. 오다 노부나가, 도요토미 히데요시의 뒤를 이어 여러 가지 정책을 수행하여 일본 근세 봉건제 사회를 확립하였어요.

3 가와바타 야스나리 (1899년~1972년)

일본의 대표 작가로 1968년에 노벨 문학상을 받았어요. 어렸을 때 고아가 되어 외롭게 자라난 그는 1924년 도쿄제국대학을 졸업한 뒤 1926년에 문단에 발을 들여놓았어요. 1948년에 완성한 유명한 소설 《설국》은 노벨 문학상을 받는 계기를 마련해 준 작품으로 일본의 근대 서정 문학의 정점을 이루는 대표작으로 평가 받고 있어요. 《센바즈루》, 《산의 소리》는 《설국》과 함께 그의 최고 작품으로 꼽혀요.

터키
Turkey

터키는 아시아 대륙과 유럽 대륙 사이에 있는 나라로, 동양과 서양의 문화가 함께 공존하는 매우 특별한 나라예요. 동쪽으로는 이란과 아르메니아·그루지야, 남쪽으로는 이라크·시리아, 북서쪽으로는 불가리아·그리스에 접해 있고, 북쪽은 흑해, 남쪽은 지중해, 서쪽은 에게 해로 둘러싸여 있는 반도 국가이에요. 주요 산업은 농업이며 관광 산업도 큰 비중을 차지하고 있어요. 지금의 수도는 앙카라이지만 옛날 동로마 제국과 비잔틴 제국, 오스만 제국의 수도였던 이스탄불이 터키가 자랑하는 세계적인 국제 도시랍니다.

보스포루스 해협

파묵칼레

소개 및 국기

터키의 국기는 붉은색 바탕에 하얀색 초승달과 별이 그려져 있어요. 터키 국민들은 '달과 별'이라는 뜻의 '아이 일디즈'라는 애칭으로 불러요. 별은 금성을 의미하며 달과 별이 함께 어울린 모양은 선과 행복을 상징해요. 기원전 4세기에 마케도니아의 군대가 비잔티움의 성벽 밑을 뚫고 침입하려 했을 때 초승달의 빛으로 적군을 발견하여 나라를 구하였다는 전설이 있어 초승달 모양이 그려지게 되었대요. 1398년에는 동쪽 여러 나라들의 연합군과 유고슬라비아의 코소보에서 전투가 벌어졌는데 오스만 투르크의 승리로 끝나자 붉은 피바다 속에 신비로운 달과 별이 나타나 그것을 기려 만들었다는 이야기도 전해져요. 1793년에 지금 국기의 기본 형태를 갖추었고, 1936년 터키의 국기로 확정되었어요.

정식 명칭 : 터키 공화국
위치 : 아시아 대륙 서쪽 끝
면적 : 774,815km²
인구 : 70,597,000명
언어 : 터키 어(쿠르드 및 아랍 어)
종교 : 이슬람교 98%, 기독교, 유대교, 그리스 정교 등
정치 : 공화제 · 대통령
화폐 : 터키 리라
수도 : 앙카라

역사

1 태양이 떠오르는 곳

지금 터키가 위치하고 있는 아시아 대륙의 서쪽 끝, 흑해·마르마라 해·에게 해·지중해 등에 둘러싸인 반도를 아나톨리아 또는 소아시아라고 불러요. 터키 어로는 '아나돌루'라고 하지요. 그리스어 '아나톨레'에서 생겨난 말인데 '태양이 떠오르는 곳' 또는 '동방의 땅'을 의미해요. 그래서 바로 아나톨리아의 역사가 곧 터키의 역사이기도 하답니다.

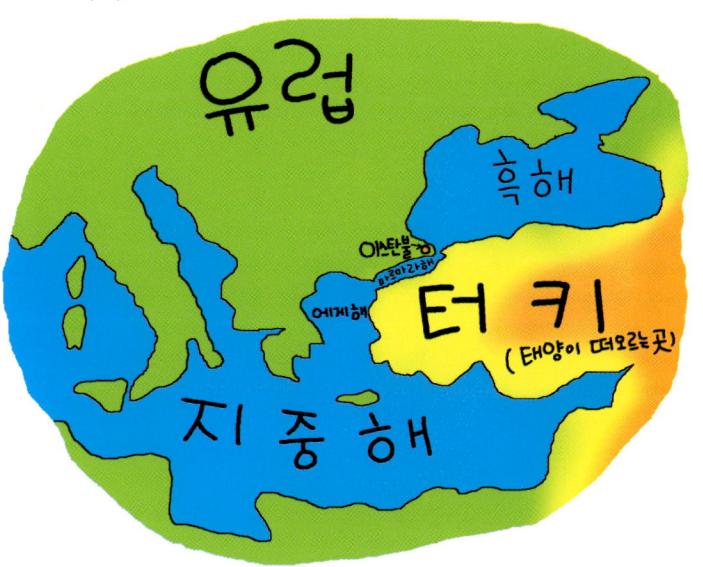

2 세계 최초로 철기 문화를 발달시킨 히타이트 왕국

아나톨리아 중앙 지역에서 기원전 5000년부터 원주민이 청동기 문화를 발달시키며 살고 있었어요. 그러다가 기원전 1650년경에 인도유럽어족인 히타이트 왕국이 들어서며 세계 최초로 철기 문화를 발달시켰어요. 그 후 바빌로니아를 멸망시키고 고대 이집트와 맞서 싸울 정도로 강대국으로 성장했지요.

3 트로이 전쟁

한편 서쪽 에게 해 부근에서도 기원전 4000년 전부터 사람들이 살기 시작하여 강력한 도시 국가가 성장했는데, 바로 '트로이'예요. 기원전 1200년 그리스 연합군의 침략으로 10년간이나 그리스와 전쟁을 벌였지만 결국 트로이 목마로 인해 패하여 멸망하였어요.

4 그리스와 로마 제국에 정복당하다

페르시아 · 알렉산드로스 대왕이 이끄는 그리스 · 로마 제국에게 차례로 정복당해 지배를 받게 되었어요. 395년 로마 제국이 두 개로 나뉠 때 동로마 제국의 영토가 되었지요. 동로마 제국의 콘스탄티노플에 대도시를 만들고 비잔틴 제국으로 나라의 이름을 바꾸었어요. 콘스탄티노플은 지금의 이스탄불이에요.

5 셀주크 투르크 왕조의 전성기

1055년 중앙아시아의 유목 민족인 투르크 족의 족장 셀주크가 이슬람교로 개종하고 셀주크 투르크 왕조를 세웠어요. 중동 지역으로 진출한 셀주크 투르크 왕조는 이란과 이라크를 점령하여 이슬람 세계의 지배자가 되었어요. 1071년에는 말라저트에서 비잔틴 군대와 싸워 승리하였고, 아나톨리아 대부분 지역을 차지했지요. 또 셀주크 투르크는 이집트의 이슬람 지도자로부터 예루살렘을 차지하였어요. 이 두 사건은 비잔틴 제국, 로마 교황, 그리고 유럽에 충격을 주었으며 그 결과 200년간 계속된 십자군 전쟁이 벌어졌지요. 그렇지만 1299년 몽골군이 침입해 셀주크 투르크 족은 멸망하고 말았어요.

알렉산드로스 대왕

6 오스만 투르크 제국의 부흥

다시 투르크 족을 이끌고 오스만 1세가 아나톨리아 서부에 나라를 세웠어요. 이 나라를 오스만 1세의 이름을 따서 '오스만 투르크'라 불러요. 1326년 아나톨리아를 통일하고 1362년 코소보에서 발칸 반도 여러 나라의 연합군을 무찔렀으며, 1396년에는 유럽에서 온 십자군을 격파하여 발칸 반도의 대부분을 점령했어요.

7 오스만 제국으로 발전하다

오스만 투르크는 1453년에는 콘스탄티노플을 함락하여 비잔틴 제국을 멸망시켰어요. 콘스탄티노플을 이스탄불로 바꾸고 수도로 삼아 16세기에는 서아시아·북아프리카·동유럽에 걸친 대제국으로 발전하였어요.

8 발칸 전쟁과 세계 대전

1912년에서 1923년까지 발칸 반도의 나라들이 동맹하여 오스만 제국과 전쟁을 벌인 발칸 전쟁이 일어났어요. 오스만 제국은 패하여 유럽 대륙의 영토 전부를 잃게 되었지요. 1차 세계 대전에는 독일 편으로 참전, 패전국이 되자 해체될 위기에 놓이게 되었어요. 그러나 국민군을 조직하여 그리스 군과 영토 회복 전쟁을 벌였고, 연합국과 로잔 조약을 맺어 가까스로 현재의 영토를 확보하였어요.

9 북대서양 조약 기구에 가입하다

1923년 군주제가 폐지되고 수도를 앙카라로 하는 공화국이 들어서게 되었어요. 케말 아타튀르크가 초대 대통령이 되어 여러 방면으로 근대화 정책을 추진하였어요. 2차 세계 대전 중에는 중립을 지키다가 마지막 시기에 독일과 일본에 선전 포고하였으며, 1952년 북대서양 조약 기구(NATO)에 가입하였고, 서유럽 자유주의 국가들과 친밀한 관계를 유지하고 있어요.

터키! 하면 생각나는 것

1 중세 유럽의 중심지, 이스탄불

이스탄불은 터키에서 가장 큰 도시며 중세 유럽의 중심지였던 곳이에요. 보스포루스 해협의 남쪽 입구에 있으며 아시아와 유럽 대륙에 걸쳐 있어요. 기원전 7세기 무렵에는 그리스의 식민 도시로 세워진 후 페르시아에게 점령을 당하기도 하였어요. 비잔티움이라고 불리다가 동로마 제국의 수도가 되어 콘스탄티노플로 불리기도 하였어요. 1453년 오스만 제국이 점령하여 이스탄불이라 불렀으며 그 후 이슬람 문화의 중심지가 되었어요. 그리스·로마 시대부터 오스만 제국에 이르는 수많은 유적이 있는 곳이랍니다.

찬란한 동서양의 역사가 만나서 이루어진 곳이 이스탄불이지.

2 비잔틴 문화의 상징, 성 소피아 성당

성 소피아 성당은 동로마 제국의 찬란했던 문화를 대표하는 문화유산이에요. 동로마 제국의 황제였던 유스티니아누스 황제가 당시 최고의 건축가와 수학자 등을 동원하여 짓게 한 성당으로 537년에 완성되었지요. 돔으로 된 천장과 아치형의 창, 내부 벽면의 아름다운 모자이크 등 당시에는 세계에서 가장 크고 아름다운 성당이었어요. 동로마 제국이 오스만 트루크에게 멸망당한 뒤 내부의 모자이크 벽화에 석회를 덧칠해서 이슬람 사원으로 사용되기도 하였어요. 하지만 1923년에 원래의 모습을 찾기 위해 대규모 복구 공사를 벌여 1935년부터 박물관으로 일반에게 공개되었어요. 동양과 서양, 기독교와 그리스의 문화적 특성이 합쳐진 비잔틴 문화를 상징하는 대표적인 유적이에요.

동로마 제국 시절 대성당

오스만 제국 시절 이슬람 모스크 사원

현재 국립박물관

3 술탄 아흐메트 사원

성 소피아 성당의 맞은 편에 또 하나의 걸작 건축물이 있어요. 바로 술탄 아흐메트 사원이에요. 성 소피아 성당보다 1000년 뒤에 지어진 건물로 1609년에 짓기 시작하여 1616년에 완공되었어요. 당시 터키를 지배했던 술탄 아흐메트 1세에 의해 지어졌어요. 내부 벽은 약 22,000장의 파란색 타일로 만들어졌는데 너무나 아름다운 문양을 이루고 있어 파란색의 이슬람 사원이라는 뜻의 '블루 모스크'라 불리기도 해요. 이슬람 문화와 예술을 대표하는 동시에 터키를 대표하는 또 하나의 유적이지요.

성 소피아 사원보다 멋지군.

더 크게는 못 지었어요.

터키를 빛낸 위인들

1 술레이만 대제 (1494년~1566년)

오스만 제국의 10대 술탄으로, 서쪽으로는 그리스 헝가리, 동쪽으로는 이라크와 아라비아까지 정복하고 오스만 제국의 황금 시대를 연 인물이에요. 유럽의 기독교 국가들도 당시 술레이만에 대해서만은 '위대한 술레이만'이라는 존칭을 붙였지요. 그는 터키의 알렉산드로스 대왕으로 여겨졌어요. 알렉산드로스가 헬레니즘 문명을 동양에 퍼트린 위인이라면 술레이만은 이슬람 문명을 서양에 퍼트렸다고 할 수 있어요. 그는 이탈리아와 오스트리아도 정복할 수 있었으나 헝가리에서 서진 정복을 멈추고 기독교 국가들과 화해했어요. 술레이만이라는 이름은 16세기 유럽에서 공포와 존경의 대상이었죠. 그는 정복자이자 시인이며 학자였고 예술인이었어요. 그가 술탄으로 있던 시절 이스탄불은 동서양 무역의 중심지였고 실크로드의 종착역이었으며, 오스만 제국은 이슬람 세력의 최전성기를 이루었어요.

2 케말 아타튀르크 (1881년~1938년)

터키의 군인이자 정치가이며 터키 공화국의 창시자예요. 1차 세계 대전에서 연합군은 터키를 멸망시키려 했으나 터키군의 사령관 케말이 보스페러스 전투에서 극적인 승리를 거두어 나라를 구했어요. 이어 케말은 젊은 장교들을 중심으로 쿠데타를 일으켰고, 부패의 온상인 술탄 왕정에 종지부를 찍고 민주 공화 정치 시대의 막을 올렸어요. 초대 대통령에 선출된 케말은 문자를 바꾸고 여성에게 투표권을 주는 등 터키 근대화 작업을 과감하게 펼쳤지요. 그 업적으로 케말은 의회로부터 '아타튀르크(국부라는 뜻)'라는 칭호를 받았어요. 그는 청렴결백하여 지나칠 정도로 검소했으며 부인 없이 혼자서 살았고 항상 나라만 생각한 애국자였어요. 케말은 대통령 재직 중 사망했는데 터키뿐만 아니라 전 유럽이 그의 죽음을 애도했답니다.

인도네시아

Indonesia

인도네시아는 동남아시아에 있는 나라예요. 서쪽의 인도양과 동쪽의 태평양 사이 적도 부근에 위치해 있어요. 북쪽의 아시아 대륙과 남쪽의 오세아니아 대륙을 연결하는 중간 지대를 이루며 약 1만 7천 개 이상의 섬들로 이루어진 세계 최대의 섬나라예요. 주요 섬은 수마트라, 칼리만탄, 슬라웨시(셀라베스), 이리안 자야, 자바예요. 칼리만탄은 영국의 침략으로 보르네오라는 이름으로 불리는데 영토 중 2/3는 인도네시아에 속하고, 나머지 1/3은 말레이시아와 브루나이에 속해요. 이리안 자야도 서쪽의 반은 파푸아뉴기니 땅이고요. 지하자원과 산림 자원이 풍부하여 석유와 천연가스, 목재가 주요 수출품이며 수도는 자바 섬에 있는 자카르타입니다.

소개 및 국기

정식 명칭 : 인도네시아 공화국
위치 : 동남아시아 남부
면적 : 1,922,570km^2
인구 : 219,883,000명
언어 : 인도네시아 어
종교 : 이슬람교 87%, 기독교 7%, 힌두교와 불교 3%, 기타 3%
정치 : 중앙집권공화제 · 대통령
화폐 : 루피아
수도 : 자카르타

인도네시아 국기는 가로로 이등분하여 위는 붉은색, 아래는 흰색으로 되어 있어요. 인도네시아 인들은 '메라푸티'라고 하는데 메라는 붉은색, 프티는 흰색을 뜻해요. 빨강은 용기, 하양은 결백을 상징하여 '결백 위에 선 용기'를 나타내며, 낮과 밤, 남편과 아내, 창조와 개성이라는 의미로도 해석하지요. 13세기 말에 자바 섬에 있던 마자피히트 왕국의 9개의 빨강과 흰 띠를 원형으로 만들어졌어요. 1922년 네덜란드의 라이덴에서 유학 중이던 인도네시아 학생들이 독립 운동을 하며 지금과 비슷한 기를 사용하였고, 1945년 8월 17일 독립 선언과 함께 국기로 제정되었지요. 모로코 국기와 가로 세로의 비율만 다르고 똑같은 모양이에요.

역사

1 자바 섬에서 원시 인류 화석이 발견되다

자바 섬의 중부 솔로 강 상류 트리닐이란 곳에서 약 40~50만 년 전에 살았을 것으로 추측되는 원시 인류의 화석이 발견됐어요. 이들을 '자바 원인' 혹은 '호모 에렉투스'라 부르는데 꼿꼿이 서서 걸었을 것이라 추측하고 있어요. 자바의 모조케르토라는 곳에서도 원시 인류의 흔적이 발견됐답니다.

2 인도 문화의 영향과 스리비자야 왕국의 번영

기원전·후 즈음하여 인도네시아 서부의 자바 섬과 수마트라 섬에 인도 상인이 진출하였어요. 그곳에 힌두교와 불교를 중심으로 하는 인도 문화가 전해졌지요. 5~6세기에 힌두교와 불교 계통의 나라들이 생겨났으며 수마트라 섬의 팔렘방을 중심으로 스리비자야 왕국이 번영하여 수마트라 섬과 자바 섬의 서부, 말레이 반도를 차지하였어요.

3 동남아시아의 강대한 해상 제국이 되다

8세기에는 자바 섬 중부에 샤일렌드라 왕국이 세워져 보로부두르 같은 불교 유적을 건설하였어요. 9세기에는 수마트라 섬의 스리비자야 왕국과 자바 섬 중부의 샤일렌드라 왕국이 합쳐지며 동남아시아의 강대한 해상 제국이 되었어요.

4 황금시대를 연 마자파히트 왕조

그 뒤 자바 섬 동부 지역으로 문화의 중심이 옮겨져 11세기부터 힌두교 계통의 여러 왕조가 들어섰어요. 13세기 말에는 몽골 군이 침입해 왔으나 라덴비자야라는 인물이 몽골 군의 침입을 막고 마자파히트 왕조를 세웠어요. 그는 현재 동남아시아 섬들의 거의 대부분을 지배하여 인도네시아 역사의 황금시대를 이루었어요.

인도네시아 Indonesia

5 이슬람 왕국과 서유럽 세력의 등장

이슬람 세력이 등장하여 수마트라 섬의 북쪽과 보르네오 섬 북부 브루나이를 장악하였어요. 그들은 1527년 자바 섬을 공격하여 마자파히트 왕국을 멸망시켰지요. 자바 섬에는 이슬람 왕국이 세워졌지만 다시 포르투갈·영국·네덜란드 등 서유럽 국가들이 잇달아 인도네시아 지역으로 진출하여 향료 무역의 독점과 식민지 획득을 노리고 서로 격렬한 싸움을 벌였어요.

6 네덜란드가 동인도 회사를 설치하고 식민지로 지배하다

결국 네덜란드가 승리하여 서부 자바의 자카르타에 바타비아라는 성을 건설하여 동인도 회사의 중심 기지로 삼고 인도네시아를 식민지로 삼았어요. 네덜란드는 인도네시아로부터 노동력과 자원을 빼앗아 부유한 나라가 될 수 있었으나, 인도네시아는 가난과 배고픔에 시달려야만 했지요.

7 제2차 세계 대전과 독립 선언

1939년 2차 세계 대전이 일어나 인도네시아는 외국의 지배 세력에서 벗어날 수 있는 좋은 기회를 맞이하게 되었어요. 드디어 1945년 8월 17일 국민당의 지도자 수카르노는 인도네시아 공화국의 독립을 선언하였어요.

8 370년 만에 완전한 독립 국가가 되다

1949년 네덜란드로부터 주권을 회복하여 인도네시아 연방 공화국이 탄생하였고, 1950년에는 연방을 해체하고 단일 독립 국가가 되었어요. 그리고 1956년에는 네덜란드와 연합을 폐지하고 완전한 독립 국가가 되었어요. 서유럽 세력의 침략에서 주권을 회복하기까지는 370년이나 걸렸지요.

인도네시아! 하면 떠오르는 것

1 세계적인 휴양지, 발리 섬

발리는 자바 섬의 동쪽 1.6km 지점에 위치해 있는 섬이에요. 때묻지 않은 자연 환경으로 세계적인 휴양지로 이름난 곳이지요. 제주도보다 3배 정도 크며, 섬의 총 인구는 약 280만 명 정도예요. 전 국민의 약 90%가 이슬람교를 믿는 인도네시아에서 이곳은 90% 이상이 힌두교를 믿고 있지요. 2만여 개가 넘는 크고 작은 힌두교 사원이 있어 인도네시아의 독특한 힌두교 문화를 느낄 수 있으며 신비로운 화산 흔적과 밀림, 바다와 희귀한 생물 등 아름다운 자연을 감상할 수 있는 곳이에요.

2 세계 최대의 불교 유적, 보로부두르 사원

보로부두르 사원은 캄보디아의 앙코르 와트, 미얀마의 파간과 함께 세계 3대 불교 유적으로 꼽히는 곳이에요. 인도네시아 자바 섬 중부 요그야카르타 북쪽에 있으며 1만 2000㎡에 이르는 거대한 규모에 약 100만 개의 돌덩이를 이용해 쌓아 올린 9층 사원이에요. 단일 불교 건축물로서는 세계 최대이지요. 불상과 부도, 장식을 조각한 솜씨가 매우 뛰어나고 전체적인 구조와 형태가 신비로워서 세계 불가사의로 불리기도 해요. 세운 사람이 누구인지는 분명하지 않으나, 8세기 전반에 중부 자바에서 번영한 샤일렌드라 불교 왕조 시대에 건립된 것으로 짐작하고 있어요.

3 인도네시아의 독특한 관습법, 아다트

이슬람 국가인 인도네시아에는 독특한 관습법이 있어요. 이 관습법을 '아다트'라고 해요. 아다트는 출생에서 사망까지 모든 개인적 행동을 지배하는 법이에요. 지역마다 그 내용이 다르기도 하고, 이슬람 율법과 유럽법의 영향으로 변하긴 했지만 아직도 인도네시아에 지켜지고 있어요. 아다트라는 법률은 다른 이슬람 국가들과는 다르게 여성의 정당한 권리를 인정하고 있답니다.

인도네시아를 빛낸 인물들

1 디포 네고로 (1785년~1855년)

디포 네고로는 요그야카르타의 왕족으로 1785년 자바 섬 요그야카르타에서 태어났어요. 1822년 술탄 아망쿠 부워노 4세가 죽은 뒤, 그의 어린 아들이 즉위하자 크게 실망했어요. 그는 영국군이 점령하여 인도네시아 사람들에 대한 네덜란드의 통제력이 약화된 틈을 타서 유럽인 배척 운동에 앞장서 군사를 일으켰어요. 1825년 바타비아로 진격하여 네덜란드 점령군에게 큰 타격을 입히고 인도네시아의 독립을 위해 애썼으나 1830년에 네덜란드 군에게 체포되어 술라웨시 섬 마카사르에 유배되었고, 그 후 므나도로 옮겨져 그곳에서 죽음을 맞이했어요.

2 카르티니 (1879년~1904년)

라덴 아젱 카르티니는 인도네시아 민족주의 운동의 선각자이자 여성 운동의 선구자예요. 1879년 자바 중부 자파라라는 작은 섬에서 귀족 집안의 딸로 태어나, 특권 계급 출신에게만 입학이 허용되는 네덜란드 인 초급 학교에 입학하여 공부를 하다 점차 민족 의식에 눈을 뜨고, 여성 지위 향상의 필요성을 느끼게 되었지요. 그 후 그녀는 자바 인의 민족의식 고양과 교육의 보급에 크게 공헌했어요. 그러나 결혼하여 아들을 낳고 그 후유증으로 스물다섯 살의 나이에 안타깝게도 세상을 떠나고 말았어요. 그녀가 죽은 후 그녀가 생전에 친구들과 동료들에게 보낸 104통의 편지를 모은 책 《어둠에서 광명으로》가 출간되면서 많은 인도네시아 국민들에게 희망과 용기를 주었답니다.

3 수카르노 (1901년~1970년)

인도네시아의 초대 대통령인 수카르노는 동부 자바에서 출생했어요. 고교 시절부터 민족 운동에 눈떠 1928년 국민당을 결성하여 민중주의를 앞장서 부르짖다가 옥에 갇히기도 했어요. 2차 세계 대전이 끝난 1945년 네덜란드로부터 인도네시아의 독립을 선언하였고, 1950년 인도네시아 공화국 초대 대통령에 취임했어요. 1955년 제1회 아시아·아프리카 회의(반둥회의)를 주최하여 비동맹 중립 외교의 주역으로 각광을 받았고, 1957년 대통령 중심제를 채택하고 인도네시아에 적합한 민주주의인 교도민주주의를 제창하였어요. 네덜란드에 대항해서 서이리안 해방 투쟁을 전개하였으며, 1963년 종신 대통령이 되었어요.

이란 Iran

중동이라 불리는 서남아시아의 페르시아 만 연안에 위치한 이란은 옛날에는 페르시아라고 불렸어요. 그 후 1935년에 '아리아 인의 나라'란 뜻의 이란으로 바뀌었지요. 동쪽은 아프가니스탄과 파키스탄, 북쪽은 아제르바이잔과 아르메니아, 서쪽은 터키와 이라크와 접하며, 남쪽으로는 걸프 만으로 불리는 페르시아 만과 오만 만을 사이에 두고 아라비아 반도와 마주하고 있고, 북쪽으로는 카스피 해가 있어요. 국토의 대부분이 산과 사막, 황야 지대로 이루어져 있어 농경지는 국토의 10퍼센트밖에 되지 않아요. 동서양의 교통의 요충지로 대제국이 일어난 곳이며 현재는 석유가 나는 산유국 중 지도자적 역할을 하고 있답니다. 수도는 테헤란이에요.

이맘 모스크

양탄자

소개 및 국기

정식 명칭	이란 이슬람 공화국
위치	서남아시아(페르시아 만 연안)
면적	1,629,918km²
인구	66,255,000명(아프가니스탄 난민 약 100만 명 제외)
언어	페르시아 어
종교	이슬람교
정치	이슬람 공화제 · 대통령
화폐	리알
수도	테헤란

이란의 국기는 위로부터 초록 · 하양 · 빨강의 3칸으로 구성된 삼색기예요. 중간에는 네 개의 빨간색 초승달과 1개의 칼 문양이 새겨져 있어요. 이것은 이란 이슬람 공화국을 상징하는 것이에요. 하양 위아래로는 문자로 구성된 테두리가 있는데, '신은 무엇보다 위대하다.'라는 뜻의 구절이 22번 반복되어 있어요. 22번이라는 숫자는 1979년 팔레비 왕조를 무너뜨린 호메이니가 이끄는 이란 혁명이 이란 달력상으로 11번째 달의 22일에 일어난 데서 유래해요.

역사

1 아리안 족이 나라를 세우다

이란 지역에는 기원전 4000년 전부터 인간이 살기 시작했어요. 기원전 7세기경에 처음으로 아리안 족 계열의 메디아 사람들이 메디아 왕국을 세웠지요. 그리고 약 1세기 후인 기원전 550년 페르시아인이 세운 아케메네스 왕조가 메디아 왕국을 무너뜨렸어요.

2 대제국을 건설한 아케메네스 왕조

아케메네스 왕조는 다리우스 1세 때 흑해·나일 강·인더스 강 유역까지 영토를 확장하며 대제국을 건설했어요. 그러나 기원전 490년 마라톤 전투에서 그리스에게 패한 뒤 점차 쇠퇴하기 시작하다가 기원전 331년 알렉산드로스 대왕의 공격을 받아 멸망했어요.

3 셀레우코스 왕조의 지배를 받다

기원전 323년 알렉산드로스 대왕이 죽은 후 셀레우코스 왕조의 지배를 받았어요. 이후 이란계 유목민이 세운 파르티마 왕조가 500년간 이란 지역을 다스렸지요. 3세기 초 아케메네스 왕조의 발상지와 같은 곳에서 세력을 키운 사산이 사산 왕조 페르시아를 세웠어요.

4 문화의 전성기를 이룬 사산 왕조 페르시아

사산 왕조 페르시아는 페르시아 제국의 부흥 시대를 이루었으며, 조로아스터교를 국교로 삼고 이란 문화의 융성기를 맞이하였어요. 그러나 651년 아랍 군대의 침입으로 400년 동안의 번성기가 끝나고 멸망하고 말았어요.

5 아라비아의 침략

아라비아 인들이 세운 우마이야 왕조와 아바스 왕조가 이란을 침략했어요. 그들의 지배를 받으며 이슬람교로 개종이 추진되었고 아라비아 어가 공용어가 되기도 하였어요. 사만 왕조 때에는 문예가 크게 부흥했지요.

아시아

이란 Iran

6 셀주크 투르크의 지배를 받다

10세기에는 이란 대부분의 지역이 투르크계의 가즈니 왕조의 지배를 받았어요. 그러나 중앙아시아에서 이동해 온 투르크계의 셀주크 투르크가 가즈니 왕조를 멸망시키고 이란을 지배하였어요.

7 몽골과 티무르 제국의 침입을 받다

1258년에는 몽골 족의 침입을 받았는데, 칭기즈 칸의 손자 훌라구가 이란과 소아시아를 중심으로 일한국 왕조를 세우기도 했어요. 1370년부터는 티무르 제국의 지배를 받는 등 다른 민족들의 침입을 받다가, 1501년 이란의 사파비 왕조가 세워지며 민족 부흥이 일어나 강력한 민족 국가를 이루게 되었어요.

8 이스파한에서 테헤란으로

사파비 왕조 때 시아파 이슬람교를 국교로 삼았고, 당시 수도였던 이스파한은 세계의 중심으로 불릴 만큼 큰 번영을 누렸어요. 하지만 아프간 족의 침입으로 1736년 멸망하였고, 투르크계 카자르가 왕조를 세워 수도를 테헤란으로 옮겼어요.

9 외국 세력의 시달림을 받다

19세기에 들어와서 러시아의 침입을 받는 등 이란은 러시아와 영국의 세력 쟁탈의 무대가 되었어요. 1차 세계 대전 중에는 중립을 선언하였으나 국토는 전쟁터로 변했으며, 러시아 혁명으로 러시아 세력이 물러가자 영국이 점령하여 보호국으로서 협정을 강요하였어요.

10 이슬람 공화국이 세워지다

1921년 이란 코사크 여단의 대장인 리자 한은 군대를 이끌고 테헤란을 점령, 영국과의 협정을 파기하고 카자르 왕조를 무너뜨렸어요. 그 후 스스로 리자 샤 팔레비라 칭하면서 팔레비 왕조를 세웠어요. 1935년에는 국가의 이름을 이란으로 바꾸었고요. 1979년 이슬람 종교 지도자 호메이니가 이슬람 혁명을 일으켜 이슬람 공화국이 세워졌어요.

이란! 하면 생각나는 것

1 조로아스터교

조로아스터교는 고대 페르시아에서 일어난 종교로 조로아스터가 창시하여 조로아스터교라고 불려요. 이 종교를 믿는 사람들은 아후라 마즈다(지혜로운 주)를 최고의 신으로 삼았어요. 기원전 6세기 무렵에 일어났으며, 아베스타를 경전으로 하고 한때는 이란의 국교였지요.

2 페르시아 양탄자

양탄자는 염색한 털로 그림이나 무늬를 넣어 짠 두꺼운 천으로, 마루에 깔거나 벽에 걸기도 하며 융단이라고도 불러요. 15세기 말부터 16세기에 걸쳐 페르시아에서는 양탄자 제조 기술이 크게 발전해 예술품으로까지 취급되었어요. 지금도 페르시아 양탄자는 이란의 가장 유명한 수출품이랍니다.

3 페르시아 중세 문화의 유적이 가득한 도시, 이스파한

파르티아 왕조부터 사산 왕조까지 900년 이상 이란의 수도였던 이스파한은 페르시아가 세계 최고의 전성기를 누릴 때의 중심지예요. 당시에는 '세계의 절반은 이스파한' 이라는 말이 생길 정도로 세계 문화가 모여들어 번성했던 곳이지요. 도시 전체가 하나의 박물관이라고 할 수 있을 만큼 중세 페르시아의 모습을 고스란히 담은 도시예요.

4 테헤란의 재래 시장, 바자

고대 페르시아는 동양과 서양을 잇는 대규모 무역의 중심지였어요. 현대 이란의 수도인 테헤란에는 바자라는 이름난 재래 시장이 있는데, 바자는 이슬람 문화권의 시장으로 상설 또는 정기적으로 열리는 만물 시장을 뜻해요. 테헤란의 바자는 지금도 중동 지역에서 가장 큰 바자로서의 명성을 이어가고 있어요. 양탄자, 귀금속을 비롯해 기념품, 목공예품 등 많은 상품이 거래되고 있어요.

이란을 빛낸 위인들

1 다리우스 1세 (기원전 550년~486년)

고대 페르시아 아케메네스 왕조의 왕이에요. 선왕이 죽은 뒤, 반란을 진압하고 즉위하여 선왕 때의 영토를 되찾았어요. 그 후에도 각처로 원정을 나갔으며, 인더스 강에서 리비아, 마케도니아에 이르는 대제국을 완성시켰어요. 영토의 분할과 관리, 조세 제도의 확립, 도량형의 정비, 화폐 제도 채용, 도로망 정비 등 고대 페르시아의 행정 제도를 완성한 왕으로 평가받고 있어요.

2 하피즈 (1325년~1389년)

페르시아의 가장 뛰어난 서정 시인이에요. 고전적인 종교 교육을 받은 하피즈는 코란 및 신학적 주제들에 관해 강의했고 종교적 고전들에 대한 주석서도 썼어요. 궁정 시인으로서 여러 통치자들로부터 총애를 받았지요. 그의 시는 시라즈(이란 중남부에 있는 도시로, 이슬람 사원 등의 명승지가 많은 곳)에서의 생활에 대한 상세한 설명과 자서전적 기술 외에 역사적 사건도 많이 반영하고 있어요. 그가 애용한 시의 형식은 '가잘'이라는 것이었는데, 이 형식은 사상의 논리적 흐름보다는 주제와 상징의 일치에 의해 연결되는 6~15행의 대구로 이루어진 것이에요. 그는 이 형식을 전무후무하게 완벽히 구사했다는 평가를 받고 있어요.

3 호메이니 (1900년경~1989년)

이란 정치가로 시아파 종교 지도자예요. 호메이니에서 출생한 그는 여러 이슬람 학교에서 교육을 받았으며, 1930년 무렵 고향 이름을 자신의 성으로 사용하기 시작했어요. 1930년대 후반 국왕 팔레비의 종교 세력 탄압에 저항하였고, 1941년 《비밀의 폭로》를 저술, 왕정과 외국 침략을 비난했어요. 1950년대 후반 '아야톨라(신앙심과 학식이 뛰어난 종교 지도자에게 주는 존칭)'라는 칭호를 받아 1960년대 초 이란 내 시아파 종교 공동체의 최고 지도자가 되었어요. 팔레비 왕권을 반대하는 혁명을 지도하다가 1979년 이란 혁명이 승리하자 귀국하여 이슬람 공화국을 수립하고 죽을 때까지 국가의 최고 지도자로 이란을 통치하였어요.

아프리카
Africa

　아프리카는 동쪽은 인도양, 서쪽은 대서양, 북쪽은 지중해로 둘러싸여 있고, 지중해를 사이로 유럽 대륙을 바라보고 있어요. 그리고 홍해를 아시아 대륙의 남서부에 있는 아라비아 반도 사이에 두고 있어요.

　아프리카라는 이름은 고대 지중해 남쪽 해안 지방인 리비아에 살던 원주민이 사용하던 이름에서 비롯되었다고 해요.

　아프리카에서는 세계 4대 문명 중의 하나인 이집트 문명이 발생했어요.

　고대에는 카르타고와 에티오피아 왕국 등 번성한 국가들도 있었지만 현대에는 유럽 열강들의 침략, 무분별한 개발, 지배층들의 부정부패, 내전 등으로 몇몇 국가들을 제외하고는 세계에서 가난한 국가들이 가장 많은 대륙이 되었답니다.

이집트 — Egypt

이집트는 아프리카 북동쪽, 사하라 사막 안에 위치하고 있어요. 북으로는 지중해에 접해 있고, 남쪽으로는 수단, 서쪽으로는 리비아, 동쪽으로는 이스라엘과 홍해에 접해 있어요. 국토의 90퍼센트가 사막이지만 나일 강 주변의 기름진 땅에서 농사를 지어 농산물을 생산하며 석유 자원이 풍부해요. 고대 문명의 중심지로 피라미드와 스핑크스, 왕들의 계곡 등 여러 곳에 유적지가 많아 관광객들이 많이 찾는 나라예요.

룩소르 신전

파라오

소개 및 국기

정식 명칭 : 이집트 아랍 공화국
위치 : 아프리카 대륙의 북동부
면적 : 997,690km²
인구 : 68,185,000명
언어 : 아랍 어
종교 : 이슬람교 93%, 기독교 7%
정치 : 공화제 · 대통령
화폐 : 이집트 파운드
수도 : 카이로

이집트의 국기는 위로부터 빨강 · 하양 · 검정의 삼색기이며, 가운데 하양 칸에는 '살라딘의 독수리' 라고 하는 문장이 들어가 있어요. 살라딘은 이슬람 세계의 지도자로 이집트에 이슬람 왕조를 세우고 십자군을 격퇴하여 이슬람 세계를 지켜 낸 인물이에요. 맨 위의 빨강은 혁명과 투쟁의 피를, 하양은 평화와 밝은 미래를, 검정은 칼리프 시대의 영광과 지난날의 암흑 시대를 동시에 나타내요. 칼리프는 이슬람 제국 통치자의 칭호였어요.

역사

1 나일 강 유역에서 일어난 이집트 문명

기원전 8000년부터 나일 강 유역에서 사람들이 농사를 지으며 농경 생활을 시작하여 기원전 3000년경부터 문명을 만들어 냈어요. 그 문명은 기원전 331년까지 이어졌고, 고대 4대 문명 중 가장 오랫동안 문명을 이어 나갔지요.

2 상·하 이집트의 통일

고왕국 시대에 메네스 왕이 최초로 상·하 이집트를 통일했어요. 멤피스에 수도를 정하고, 배수로를 만들어 나일 강의 범람을 조절하였지요. 상형 문자를 사용했고 달력이 발명되었으며 피라미드, 스핑크스 등을 건설하여 이집트 문명의 기초를 세웠답니다.

3 흔들리기 시작하는 절대 군주

제5왕조부터 절대 군주의 권력이 흔들리기 시작하여 제6왕조에는 왕권이 크게 약화되었어요. 이후 제7왕조부터 제10왕조까지 폭력과 내전 등 큰 혼란을 겪는데 이때를 제1중간기라고 불러요.

4 파라오의 등장

멘투호테프 2세를 비롯하여 위대한 파라오들이 등장해 리비아, 누비아, 시리아 등을 정복하고 나라를 안정시키며 대규모 토목 사업을 벌였어요. 파라오란 큰 집이라는 뜻으로, 고대 이집트의 왕을 일컬어요.

5 나라가 분열되고 힉소스의 지배를 받다

다시 제12왕조 말부터 국가의 통치력이 약해지고 나라가 분열되어 결국 아시아 인이 이집트에 들어와 나라를 다스리기 시작했어요. 이들을 이민족 통치자들이란 뜻의 '힉소스'라 불렀어요.

6 고대 이집트 최고의 시대였던 신왕국 시대

아모세가 힉소스를 몰아내고 이집트의 옛 영토를 다시 찾았어요. 정치·경제·문화 등 국가 번영의 시대를 맞게 되는데, 이때를 신왕국 시대라고 해요. 아몬 신(이집트에서 신들의 왕으로 숭배된 신) 숭배를 위해 카르나크 신전·룩소르 신전 등을 건립했고, 투트모세 3세 때는 아시아와 아프리카 등지로 크게 영토를 확장했어요.

7 거듭되는 외세의 침략

후기 왕조 시대에는 국가의 힘이 다시 쇠퇴하여 이집트 출신의 왕들이 사라져 가고 결국 페르시아 왕들이 이집트를 다스리게 되었어요. 또한 아시리아 인들이 이집트를 침공하는 등 이집트는 외세(리비아, 아시리아, 수단)의 침입과 지배를 받게 되었지요.

8 알렉산드로스 대왕의 이집트 정복과 헬레니즘 문명과의 만남

알렉산드로스 대왕이 이집트를 정복하여 그리스 출신의 프톨레마이오스 왕가가 이집트를 다스리게 되었어요. 그리하여 이집트는 헬레니즘 문명을 받아들이고 이집트에는 그리스 인, 시리아 인, 유대인들이 대거 이주하게 되었어요.

9 이집트가 로마 제국의 일부가 되다

기원전 30년 로마 안토니우스 장군과 이집트 클레오파트라 여왕의 연합 세력이 악티움 해전에서 로마의 옥타비아누스 장군에게 패하였어요. 옥타비아누스는 이집트를 정복하고 로마의 일부로 삼았지요.

10 이집트에 이슬람 문화가 들어오다

로마가 멸망하자 이슬람 문화가 640년부터 1517년에 걸쳐 이집트에 들어왔어요. 909년에는 시아파라는 이슬람 세력이 파티마 왕조를 세워 북아프리카에서부터 이집트·시리아까지 지배하였어요. 카이로를 건설하여 왕조의 수도로 삼았으며, 1169년에는 이슬람 세계를 다시 통일한 살라딘이 아이유브 왕조를 세우기도 했어요.

11 오스만 투르크와 나폴레옹에게 점령당하다

1517년부터 1798년까지는 오스만 투르크가 이집트를 통치했다가 그 후 나폴레옹이 이집트를 점령하였어요. 1801년 프랑스의 지배에서 벗어나 무하마드 알리가 근대 이집트 건설의 기초를 닦았어요.

마지막 이집트 왕조 무하마드 알리

12 이집트 공화국이 수립되다

1882년 이집트는 영국의 군사 점령과 통치를 받게 되었지만 드디어 1922년 영국으로부터 독립을 하여 후아드를 국왕으로 삼았어요. 그러나 그 후에도 영국은 수에즈 운하의 통행권 등 많은 특권을 누리고 있었지요. 2차 세계 대전 후 민족 운동이 일어나 영국의 간섭을 반대하였고, 1952년 나세르 혁명이 일어나 나기브를 대통령으로 하는 공화국이 되었어요.

이집트! 하면 생각나는 것

1 불가사의한 수수께끼, 피라미드

세계 7대 불가사의 중의 하나인 피라미드는 고대 이집트 왕, 즉 파라오들의 무덤이에요. 그리고 피라미드의 대명사는 이집트 쿠푸 왕의 무덤으로 알려진 대 피라미드이고, 대 피라미드 옆에는 쿠푸 왕의 아들과 손자의 무덤으로 알려진 두 개의 피라미드가 우뚝 서 있어요. 그리고 왕비의 무덤이라는 작은 피라미드 6개가 3개씩 두 줄로 배치되어 있지요. 이 9개의 피라미드는 이집트의 수도 카이로의 서남쪽 가까이에 위치한 기자 지역에 있어 기자 피라미드라고도 해요.

고대 이집트의 가장 위대한 예술품 중 하나지요.

2 4명의 파라오가 거대한 모습으로 돌에 새겨진 신전, 아부심벨

고대 이집트 역사상 가장 위대했던 왕이며 태양의 아들로 자처했던 람세스 2세가 자신의 위대함을 기리기 위해 세운 신전이에요. 돌산의 한쪽 절벽을 깎아 만든 아부심벨 신전은 그 앞면은 파라오의 모습을 한 4개의 거대한 조각으로 꾸며져 있으며 각 조각의 높이가 20m, 귀에서 귀까지의 거리가 4m, 입술의 두께가 1m나 되는 엄청난 규모를 자랑하지요.

쿠푸 왕의 대 피라미드가 가장 규모가 크다.

3 파라오의 머리에 사자의 몸을 한 스핑크스

고대의 이집트를 비롯하여 그 주변에 살던 고대인들은 가장 힘세고 완벽한 사자의 앞부분, 황소의 뒷부분, 독수리의 날개, 그리고 인간의 머리로 구성된 신화적인 동물을 숭배하였어요. 기자에 위치한 스핑크스는 사자의 몸과 사람의 얼굴이 결합된 형태로 남아 있는 유적이에요. 길이 73m, 높이 20m에 이르는 이 스핑크스는 전체가 하나의 석회암으로 조각되었어요.

스핑크스는 사자의 몸과 사람의 얼굴을 합친 모습이에요.

이집트를 빛낸 위인들

1 람세스 2세 (?~?)

람세스 2세는 고대 이집트 역사상 가장 위대한 왕으로, 고대 이집트 문명의 절반을 이루어 냈다는 평가를 받고 있는 인물이에요. 제19왕조의 3대 파라오로서 67년간 왕위에 있으면서 여러 번의 원정을 통해 영토를 크게 확장하였고, 소아시아의 강국 히타이트 왕국과 16년간 전쟁을 벌이기도 했어요. 아부심벨과 룩소르 신전 등과 같은 위대한 건축물을 세우기도 했지요. 그가 통치하던 시기를 이집트 역사의 최고 절정기로 여겨 제국 시대라고 부르기도 해요.

2 클레오파트라 7세 (기원전 69년~기원전 30년)

이집트 프톨레마이오스 왕조 최후의 여왕으로, 율리우스 카이사르의 정부였으며 뒤에는 안토니우스의 아내가 되었어요. 그녀는 부왕이 죽은 뒤 왕위에 올라 두 남동생인 프톨레마이오스 13세, 프톨레마이오스 14세, 아들인 프톨레마이오스 15세 카이사르와 함께 나라를 다스렸어요. 기원전 30년 옥타비아누스(뒤에 아우구스투스 황제가 됨)가 이끄는 로마군에게 패배한 뒤 안토니우스와 함께 자살했고, 이 후 이집트는 로마의 지배를 받게 되었어요. 매력적이며 야심만만했던 그녀는 미인의 대명사로 불렸어요.

3 나세르 (1918년~1970년)

아시아·아프리카의 지도자 나세르는 1918년 알렉산드리아에서 태어났어요. 청소년 때부터 민족 운동에 참가했으며 1938년 육군 사관학교를 졸업하고 군인이 되었어요. 팔레스타인 전쟁 때 공을 세웠고, 1952년 나기브와 함께 쿠데타를 일으켜 성공하여 집권하였어요. 1955년에는 반둥 회의에 참가 중립주의·비동맹주의 외교 정책을 추진했지요. 1956년 국민 투표로 대통령에 선출되었으며 영국과 프랑스가 장악한 수에즈 운하를 국유화하여 식민 통치를 청산했어요. 또한 이스라엘을 적대시하여 아랍권의 통합을 이룬 인물로 평가받는답니다.

남아프리카 공화국
South Africa

남아프리카 공화국은 아프리카 대륙의 남쪽 끝에 자리잡고 있어요. 북쪽으로는 스와질란드·모잠비크·짐바브웨·보츠와나·나미비아 등의 국가들과 접하고 있고, 삼 면이 바다로 둘러싸여 동쪽으로 인도양, 서쪽으로 대서양을 끼고 있지요. 천연자원이 풍부한 나라로 특히 광물 지하 자원이 풍부하여 금은 세계 1위, 다이아몬드와 우라늄은 세계 2위의 매장량을 자랑한답니다. 백인과 흑인, 아시아계 및 혼혈인이 함께 어울려 사는데, 500만 명의 백인이 3000만 명의 흑인을 통치했던 인종 차별 국가로 이름 높았어요. 인종 차별을 반대하고 인권 보호를 위한 많은 사람들의 노력과 희생으로 흑인들의 인권이 점차 향상되고 있답니다.

넬슨 만델라

소개 및 국기

정식 명칭 : 남아프리카 공화국
위치 : 아프리카 대륙의 남쪽 끝
면적 : 1,219,080㎢
인구 : 41,465,000명
언어 : 영어 및 아프리칸스 어
종교 : 기독교 65%, 천주교 10%, 유대교, 이슬람교, 힌두교
정치 : 공화제 · 대통령
화폐 : 랜드
수도 : 행정 수도 프리토리아
　　　　입법 수도 케이프타운
　　　　사법 수도 블룸폰테인

남아프리카 공화국의 국기는 노란색과 흰색을 테두리로 한 초록색의 Y자형 띠가 가로로 놓여 있고, Y자 위는 빨간색, 아래는 파란색으로, 왼쪽은 검은색으로 구성되어 있어요. 빨강은 독립과 흑인 해방 운동을 위해 흘린 피를, 초록은 농업과 국토를, 노랑은 풍부한 광물 자원을, 파랑은 열린 하늘을, 검정과 하양은 흑인과 백인을 나타나며 Y자는 통합을 상징해요. 이전에는 위로부터 주황 · 하양 · 파랑의 삼색기였으나, 1994년 4월 27일 넬슨 만델라의 흑인 정권 출범을 계기로 이전의 기와 넬슨 만델라가 주도한 아프리카 민족회의의 기를 결합하여 새로운 국기를 만든 것이랍니다.

역사

1 남아프리카 대륙에 백인이 발을 들여놓다

1488년 디아스라는 포르투갈의 탐험가가 희망봉을 발견하고, 1503년 안토니오 데 살다냐라는 한 백인이 케이프타운에 발을 들여놓기 전까지 남아프리카 대륙은 수천 년 동안 부시먼 족과 호텐토트 족 등의 원주민들이 사냥이나 낚시를 하며 생활을 하던 평화로운 곳이었어요.

2 계속된 네덜란드 인들의 이주

1652년 네덜란드의 동인도 회사가 케이프타운에 상륙한 뒤 네덜란드 인들의 이주가 계속되었어요. 그들은 원주민들의 땅을 빼앗고 자신들의 영토를 넓혀 나갔지요. 농업과 목축을 하면서 자신들을 보어 인이라고 부르며 원주민들을 노예로 삼고 땅을 빼앗으려 했지요.

3 영국이 케이프타운을 점령하자 보어 인들이 나탈 공화국을 세우다

18세기 후반에는 나폴레옹이 전쟁을 일으켜 네덜란드를 점령하자 영국이 인도 무역의 중계지로 케이프타운을 점령하였어요. 그 후 1815년에 정식으로 식민지로 삼았어요. 영국보다 먼저 이곳에 정착해서 살던 보어 인들은 영국의 노예 해방과 자유주의 정책에 반대하여 1830년 내륙 북쪽으로 이동을 하여 나탈 지방에 나탈 공화국을 세웠지요.

4 영국과의 영토 분쟁

1843년 영국군이 다시 나탈 공화국을 공격하여 점령하였어요. 나탈을 빠져나간 보어 인들은 영국군과 싸우면서 1852년에는 트란스발 공화국을, 1854년에는 오렌지 자유국을 세웠지요. 그 후 오렌지 자유국의 영토인 킴벌리에서 다이아몬드 광산이 발견되자 영국은 즉시 이 지방을 넘겨 달라고 요구하였고, 1871년에 영국의 영토로 삼았어요.

5 보어 전쟁과 남아프리카 영국 연방

1886년에는 트란스발에서 금광이 발견되자 영국은 보어 인들과 전쟁을 일으켰어요. 결국 1902년에 영국이 승리를 거뒀고, 보어 인이 세운 두 공화국은 영국의 식민지가 되었어요. 1910년에는 이들 4개 지역을 합병하여 영국 연방으로 삼았지요.

7 아파르트헤이트로 인종을 격리하다

2차 세계 대전에서도 연합군으로 승전국이 되었어요. 1948년에 총선거가 실시되었는데 보어 계의 국민당 밀란이 백인 유권자에게 아파르트헤이트라는 인종 차별 정책을 호소하여 승리함으로써 인종 차별이 더욱 심해졌어요.

8 영국 연방 탈퇴와 남아프리카 공화국 성립

1957년 정부는 흑인들의 남아프리카 공화국의 국적을 박탈하는 법을 만들었으며, 또 통행법을 만들어 흑인들을 감시했어요. 영국 정부에서 이러한 인종 차별 정책을 비판하자 영국 연방을 탈퇴하고 1961년 남아프리카 공화국을 선언하였어요.

6 인종 차별법에 대항한 아프리카 민족 회의

1차 세계 대전 때에는 영국 쪽으로 참전하여 당시 독일령이었던 서아프리카(현재의 나미비아)를 점령했어요. 1924년에 내각이 성립되어 인종 차별법이 제정되었어요. 인종 차별법에 반대하여 아프리카 인들은 최초로 민족주의 운동 조직인 아프리카 민족 회의와 노동조합 운동 조직인 공상 조합을 결성했어요.

9 백인의 통치가 끝나다

그 후 약 500만 명의 백인이 약 3000만 명의 흑인을 통치해 왔는데, 1994년 사상 최초의 다인종 선거가 실시되어 흑인 지도자 넬슨 만델라가 이끄는 아프리카 민족 회의가 전체 유효 투표의 62.5%를 획득하며 승리하였어요. 342년간의 백인 통치가 끝난 것이었지요.

남아프리카 공화국! 하면 생각나는 것

1 아프리카의 지중해, 케이프타운

케이프타운은 남아프리카 공화국 서남부에 있는 케이프주의 중심 도시로, 남아프리카 공화국의 의회가 있는 입법부 수도예요. 개척 시대부터 세워진 건물들이 잘 정리되어 있고 상업 지구의 활발한 모습을 볼 수 있어요. 지중해 기후와 비슷하고 하얀색 집들이 많은 케이프타운은 전 세계의 부자들이 별장을 마련하고 여유로운 휴가를 즐기는 곳으로도 유명해요.

2 아프리카의 온갖 동물을 만날 수 있는 크루거 국립공원 사파리

사파리는 사냥·탐험대를 편성하여 자동차에 인부와 안내인, 천막이나 식량 등의 장비를 싣고 대형 야생 동물을 사냥하거나 구경하는 여행을 말해요. 남아프리카 공화국의 요하네스버그 북동쪽에 크루거 국립공원이 있는데, 이곳이 바로 아프리카에서 사파리 여행지로 유명한 곳이에요. 세계에서 가장 크고 오래된 야생 공원이며 희귀한 조류들과 사자, 코끼리, 코뿔소, 표범, 치타, 기린, 하마, 영양 등 다양한 야생동물을 만나 볼 수 있어요.

3 아프리카 대륙의 최남단에 있는 희망봉

아프리카 대륙의 최남단 아굴라스 곶의 북서쪽 160km 지점에 위치한 희망봉은 대서양과 인도양 사이를 항해할 때 기점으로 표시되는 곳이에요. 곶은 바다 쪽으로 좁고 길게 뻗어 있는 육지의 한 부분을 말해요. 1488년 포르투갈의 항해가 바르톨로메우 디아스가 발견하여 '폭풍의 곶' 이라 불렀지만 1498년에 바스코 다 가마가 이 곳을 통과하여 인도로 가는 항로를 개척하게 되어, 포르투갈 왕 주앙 2세가 '폭풍의 곶' 이라는 이름 대신 '희망의 곶' 이라 부르며 '희망봉' 이라는 이름이 붙게 되었어요. 인도 항로를 찾는 희망을 북돋운 곳이었기 때문이었지요. 그렇지만 아프리카 사람들은 유럽 인들이 이곳을 발견한 이후 노예로 팔려 가고 착취당하는 결과를 낳은 곳이었어요. 그래서 아프리카 사람들은 이곳을 '절망봉' 이라고도 부른답니다.

남아프리카 공화국을 빛낸 위인들

1 넬슨 만델라 (1918년~2013년)

넬슨 만델라는 1918년 남아프리카 공화국의 트란스케이 움타타라는 곳에서 템부 족 추장의 아들로 태어났어요. 1944년부터 아프리카 민족 회의에 참여하여 흑인 해방 운동의 지도자로 부각되었어요. 1962년부터 1990년까지 약 27년간 수감 생활을 하면서 흑인의 희망이 되었어요. 인종 차별을 없애기 위해 애쓴 공로를 인정받아 1993년 노벨 평화상을 수상했어요. 1994년 4월에서 실시된 대통령 선거에서 남아프리카 최초의 흑인 대통령에 당선되어 46년간에 걸친 아파르트헤이트 시대를 마감시켰어요.

2 고디머 (1923년~)

소설가 네이딘 고디머는 1923년 요하네스버그의 교외 이스트랜드 지역의 탄광촌 스프링스에서 백인 중산층 가정에서 태어났어요. 15세에 첫 소설을 발표한 그녀는 뛰어난 심리 묘사를 바탕으로 남아프리카에서의 인종 차별 정책이 남아프리카 국민에게 미치는 파괴적인 영향을 주로 다루었어요. 소설집 《사탄의 달콤한 목소리》, 《금요일의 발자취》로 크게 명성을 얻었지요. 1991년 인종 차별로 고통받는 인간들의 모습을 묘사한 작품을 써서 인류에 공헌한 공로로 노벨 문학상을 받았어요.

3 투투 (1931년~)

남아프리카 공화국의 성공회 성직자인 데즈먼드 투투는 1931년 요하네스버그 부근의 광산촌에서 가난한 흑인 교육자의 아들로 태어났어요. 투투는 밴투노르말 대학을 졸업하고 교사 생활을 하다가 1958년 런던 킹스 칼리지에서 신학 석사 학위를 받아 1961년 남아프리카 공화국의 흑인으로는 처음으로 성공회의 수석 신부가 되었어요. 그 후 남아프리카 공화국의 인종 분리주의 정책에 반대하는 투쟁을 벌였으며, 1978년 남아프리카 공화국의 1200만 그리스도교 인들을 대표하는 남아프리카 공화국 교회 협의회의 사무총장이 되어 남아프리카 공화국 인종 정책에 비폭력 투쟁으로 대항했어요. 1984년 인종 차별 문제를 해결하려는 지도자로서의 공로가 인정되어 노벨 평화상을 받았어요.

아메리카 America

아시아 대륙에서 태평양 너머, 유럽 대륙에서 대서양 너머에는 두 개의 대륙이 이어져 있어요. 바로 남·북 아메리카 대륙이에요. 아메리카는 1492년 탐험가 콜럼버스가 발견하였어요. 그 후 1504년 아메리고 베스푸치라는 이탈리아의 탐험가가 이 지역을 탐험하고 《신세계》라는 책을 써 유럽에 소개되었고, 그의 이름을 따서 아메리카라고 불리게 되었지요.

북아메리카와 남아메리카를 이어 주는 중앙아메리카에는 고대에 마야 문명이 번성하여 아스텍 문명으로 이어졌으며, 남아메리카에는 잉카 문명이 발달하여 여러 신비한 유적을 남겨 놓았어요.

1500년대부터 북아메리카에는 영국을 비롯한 서부와 북부의 유럽인들이, 남아메리카는 스페인과 포르투갈 등 남부 유럽인들이 진출하여 새로운 국가를 이루었어요. 그 뒤 아시아, 아프리카 등 다양한 인종과 민족이 어울려 산답니다.

브라질 Brazil

브라질은 남아메리카 대륙의 중앙부에 위치해 있으며 거의 남아메리카 대륙의 반을 차지하고 있는 넓은 영토를 가진 나라예요. 북쪽은 베네수엘라·가이아나·수리남·프랑스령 기아나, 서쪽은 콜롬비아·페루, 남쪽은 볼리비아·파라과이·아르헨티나·우루과이와 국경을 접하며, 동쪽은 대서양에 닿아 있어요. 세계에서 가장 큰 강인 아마존 강이 브라질 영토의 북부를 흐르고 있으며 석유·우라늄 등의 광물 자원을 비롯해 천연자원이 풍부하지만 아직은 개발이 되지 않은 상태예요. 커피 생산국으로 유명하며 남아메리카 대륙에서 공업이 가장 발달한 나라 중 하나예요. 전통춤 삼바와 축구로 유명하며 이민을 통해 개발된 나라여서 다양한 인종이 어울려 살고 있어요. 수도는 브라질리아예요.

소개 및 국기

정식 명칭 : 브라질 연방 공화국
위치 : 남아메리카
면적 : 8,514,047km²
인구 : 178,470,000명
언어 : 포르투갈 어
종교 : 천주교 80%, 기독교 11%
정치 : 연방공화제 · 대통령
화폐 : 레알
수도 : 브라질리아

브라질의 국기는 초록색 바탕에 노랑 마름모가 그려져 있고 그 안에 파랑색의 원이 있으며 원 안에는 흰색 리본이 가로질러 있는 모양이에요. 초록은 산림 자원을, 노랑은 광물 자원을 상징하며 파랑은 하늘을 나타내요. 파랑의 원 안에는 하얀색의 점들이 별처럼 그려져 있는데 브라질의 독립일인 1889년 11월 15일 저녁 8시 30분 리우데자네이루 하늘에 펼쳐진 별자리를 그린 것이라고 해요. 22개의 주를 표시하는 22개의 별과 연방의 별을 합한 27개가 그려져 있어요. 흰색 리본에는 초록색의 포르투갈 어로 '질서와 진보' 라는 표어가 씌어 있어요. 기본형은 1889년 제정하였고 1968년 수정하였으며 1992년 5월 11일 브라질 법률에 의하여 국기로 다시 제정하였어요.

역사

1 파우브라질이 많은 나라

오래 전부터 여러 종족의 원주민이 살고 있던 브라질 땅을 1500년 카브랄이라는 포르투갈 사람이 처음으로 발견하여 세계에 알려지게 되었어요. 붉은색 염료의 원료로 쓰이는 파우브라질(포르투갈 어로 불꽃처럼 붉은 나무)이라는 식물이 많이 있어 그 이름을 따서 브라질이라 부르게 되었지요.

2 포르투갈 인들의 이주

1531년부터 포르투갈 인들이 이주해 원주민을 몰아내고 살기 시작했어요. 아프리카에서 흑인 노예들을 데려와 사탕수수를 재배했으며, 17세기에 '반데이라'라고 불리는 노예 사냥꾼 집단이 브라질의 오지를 점령하여 거의 현재의 국경까지 영토를 넓혔어요.

3 금광 산업의 중심지

반데이라에 의해 미나스제라이스에서 금광이 발견되어 금광 산업이 발전하였으며 리우데자네이루는 금광 지대의 무역항으로 발전했어요. 18세기 중엽에는 세계 제일의 금 수출을 자랑했지요.

4 커피 재배를 시작하다

19세기가 되자 금광이 쇠퇴하여 금광 대신 커피를 재배하기 시작했어요. 1850년까지는 자바 섬을 앞지르는 세계 제일의 커피 생산지가 되었지요. 브라질 생산액이 세계의 1/2을 차지할 정도였어요.

아메리카

브라질 Brazil

5 브라질로 탈출한 포르투갈 왕실

1807년에 나폴레옹이 포르투갈의 수도 리스본을 점령하자 포르투갈 왕실은 영국 함대의 보호를 받으며 브라질로 탈출을 했어요. 1808년 리우데자네이루에 도착한 황태자 돈 주앙 6세는 영국과의 무역을 활발하게 진행하였고, 브라질 경제는 번영을 이루었어요.

6 독립 선언을 한 페드루 1세

돈 주앙 6세가 포르투갈의 왕위를 계승하여 포르투갈로 귀국하여 브라질을 식민지로 삼고자 했어요. 그러자 브라질에 남아 있던 돈 주앙의 아들인 돈 페드루 황태자는 1822년 브라질의 독립을 선언하고 페드루 1세로 왕위에 올랐어요.

7 왕정 폐지와 여러 차례의 정권 교체

1888년 노예 제도를 폐지하자 이에 대지주들이 불만을 품게 되었어요. 그들은 힘을 모아 공화제를 주장하는 세력을 지지하였고, 왕정은 폐지되었지요. 그 후 공화제를 채택함으로 브라질 합중국이 되었어요. 그 후 군사 쿠데타로 군사 정부가 들어섰으며, 여러 차례 정권이 교체되기도 하였어요.

8 민간 정부와 자유 시장 경제 체제로의 전환

1985년 처음으로 민간 정부가 들어섰어요. 1988년 새 헌법이 제정되어 1989년에 직접 선거를 통해 대통령을 선출하였지요. 그 후 자유 시장 경제 체제를 따르며 정부 기구를 개편하고 사회 복지 제도를 확대하며 지금에 이르고 있어요.

브라질! 하면 생각나는 것

1 계획도시 브라질리아

브라질리아는 1960년에 브라질의 새 수도가 된 도시예요. 제트기 모양으로 도시가 설계되어 동체부에 입법·사법·행정 기관을 배치하고, 날개 부분에 주택가와 상점가, 학교를 두도록 계획되었어요. 건축물들은 개성적이며 초현대적 작품들로서, 황야의 한복판에 21세기가 출현한 느낌으로 설계되었지요. 독특한 미래 계획도시의 모델이 되어 세계 유산 목록에 등록되었어요.

2 세계 랭킹 1위의 축구의 나라

축구 황제 펠레를 배출한 브라질은 축구의 나라로도 유명해요. 수많은 어린이들이 축구 선수가 되는 꿈을 갖고 있으며 부모들은 자녀들을 축구 선수로 키우기 위해 걸음마 때부터 축구를 가르쳐요. 월드컵에서 4번이나 우승하였으며 오랫동안 세계 축구 협회 선정 세계 1위를 차지하고 있어요.

브라질을 빛낸 위인들

펠레 (1940년~)

축구 역사상 가장 위대한 축구 선수로 평가받는 펠레는 1940년 브라질의 가난한 시골 마을 트레스 코라코에스에서 태어났어요. 열일곱 살 때 브라질 국가 대표 선수로 월드컵에 출전하여, 이후 월드컵 사상 최초의 3연패를 이루는 데 결정적인 역할을 했어요. 은퇴한 뒤에는 브라질 체육부 장관을 역임하기도 했으며 지금도 '축구 황제' 또는 '축구의 신'으로 불려요. 1978년 국제 평화상을 받았으며 1980년에는 금세기의 운동선수로 선정되었답니다.

미국
United States of America

미국은 1492년 콜럼버스가 발견한 신대륙에 있는 나라로, 유럽 강대국들의 식민지를 거쳐 지금은 세계 최고의 강대국이 된 나라예요. 남쪽으로 중앙아메리카의 꼭지를 이루는 멕시코와 국경을 마주하고 있으며 북쪽으로는 캐나다와 접해 있어요. 서쪽으로는 태평양, 동쪽으로는 대서양이 펼쳐져 있고요. 본토의 48개 주에 알래스카 및 하와이 등을 합친 51개 주로 이루어진 연방 공화국이며, 광대한 국토와 자연에 다양한 인종과 민족이 어우러져 사는 나라이지요. 수도는 워싱턴이며 북동쪽 항구 도시 뉴욕은 세계 경제와 예술·문화의 중심지랍니다.

소개 및 국기

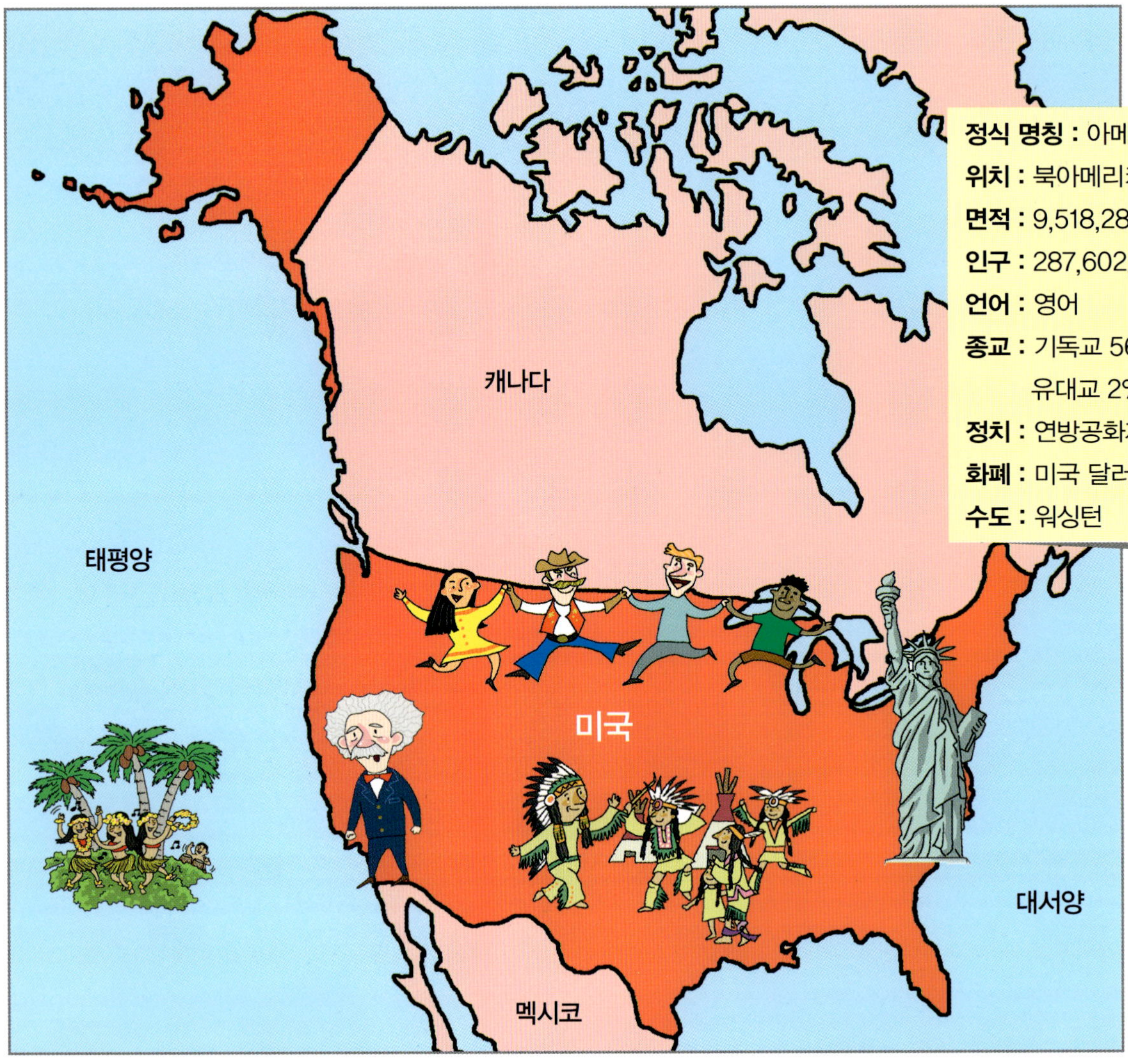

캐나다
태평양
미국
대서양
멕시코

정식 명칭 : 아메리카 합중국
위치 : 북아메리카
면적 : 9,518,287㎢
인구 : 287,602,000명
언어 : 영어
종교 : 기독교 56%, 천주교 28%, 유대교 2%
정치 : 연방공화제 · 대통령
화폐 : 미국 달러
수도 : 워싱턴

미국의 국기는 별과 희고 빨간 줄로 이루어져 있어요. 그래서 '성조기' 라고 부른답니다. 7개의 빨간 줄과 6개의 흰줄은 최초 독립 전쟁에 참가한 13개 주를 의미하며 주의 수가 늘어날 때마다 별의 수도 늘어나 국기의 모양에 더하기로 정하였어요.

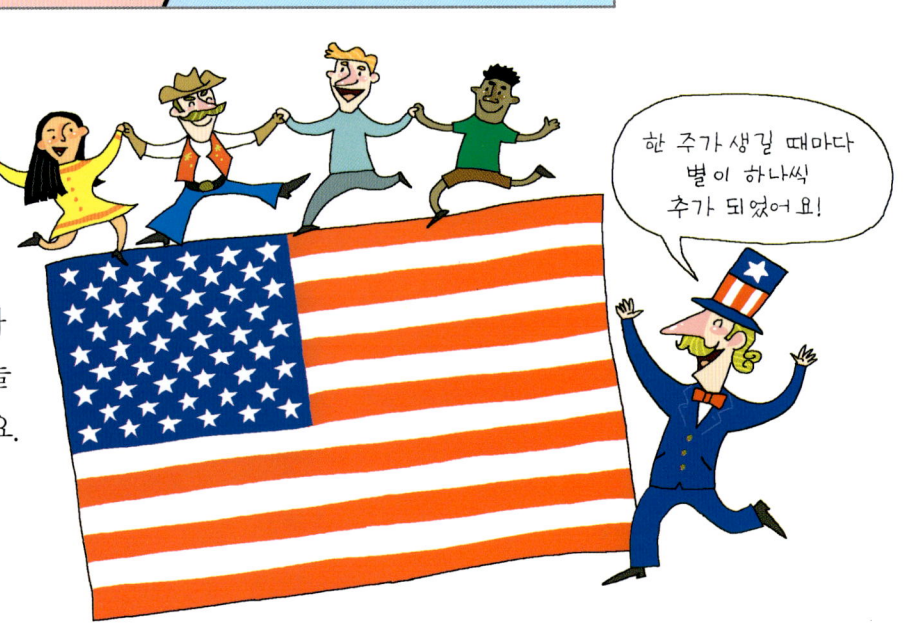

한 주가 생길 때마다
별이 하나씩
추가 되었어요!

역사

1 아메리카 대륙을 누비던 인디언

유럽 인들이 아메리카 대륙에 이주하기 전 미국에는 아메리카 인디언이 살고 있었어요. 아시아 대륙으로부터 여러 차례에 걸쳐 이주해 온 사람들이 아메리카 인디언이 되었다고 추측하고 있어요. 아메리카 인디언들은 북아메리카 중앙 평원을 누비며 들소 사냥을 하였지요. 그들은 천막을 짓고 농사를 지으며 부족을 이루어 살았어요.

2 신앙의 자유를 찾아 신대륙으로 온 청교도

콜럼버스의 신대륙 발견으로 유럽의 힘센 국가들은 식민지를 건설하기 위해 대서양을 건너 아메리카 대륙으로 갔어요. 1607년 영국이 처음으로 버지니아 식민지를 건설하였지요. 1620년 영국의 종교 박해를 피해 네덜란드에 있던 청교도들이 신앙의 자유를 찾아 메이플라워 호를 타고 지금의 매사추세츠 주에 상륙하여 정착하기 시작했지요.

3 영국이 북아메리카에 13개 식민지를 만들다

1733년 영국은 북아메리카의 대서양 연안에 13개의 식민지를 만들었어요. 그러나 아메리카에 식민지를 건설한 프랑스와 인디언, 영국이 서로 전쟁을 벌이다가 영국이 승리를 거두었어요.

4 영국으로부터 독립

버지니아 식민지를 건설한 사람들은 아메리카 최초로 의회를 만들어 자치를 시작하였어요. 그러나 영국 정부가 이를 간섭하자 1775년 독립 전쟁이 일어났고, 프랑스의 도움을 받아 결국 1776년 독립을 선언하게 되었어요. 1781년에는 최초의 헌법이 만들어져 13개 주는 연방 국가가 되었어요.

5 영토를 넓히고 서부를 개척하다

독립 후에는 프랑스, 스페인, 멕시코로부터 영토를 얻어 1848년에는 거의 현재와 같은 대륙 국가로 발전하였어요. 자본과 재산이 없는 노동자들은 서부로 가서 개척을 했어요. 그곳에 살던 인디언들은 총과 대포로 무장한 백인들에게 밀려나 인디언 보호 구역에서 살게 되었어요.

6 너무나 다른 남부와 북부

미국의 남부와 북부는 식민지 건설 때부터 종교와 경제 체제가 달랐어요. 북부는 건설 단계부터 북유럽의 이민을 받아들여 혼합 민족의 새로운 민족을 세워 나갔고, 남부는 영국의 전통을 지키고 있었어요. 특히 북부는 노예의 증가를 막으려고 하였고, 남부는 영국 산업 혁명으로 목화의 수요가 크게 늘어 노예를 늘려 면화를 재배하려고 하였지요.

7 노예 제도가 폐지되다

노예 제도를 지키려는 남부와 노예 제도를 폐지하려는 링컨을 비롯한 북부 공화당의 대항으로 결국 남과 북은 전쟁을 일으키게 되었어요. 이것이 바로 남북 전쟁이에요. 이 전쟁에서 북부가 승리를 거두고 노예 제도는 폐지되었어요.

8 공업화의 물결과 세계 대전

남북 전쟁 후 미국 사회는 공업화의 물결을 타고 도시와 교통, 산업이 크게 발달하였어요. 그러다가 1914년 1차 세계 대전이 일어나자 미국은 중립을 선언하였지요. 그러나 결국 1917년 참전을 하게 되었고 무기 판매로 벌어들인 자본으로 번영의 시대를 맞이하였지요.

9 경제 대공황

1929년 불균형적인 산업 발전으로 경제 대공황이 일어났어요. 상품의 생산이 소비에 비해 너무 많아져 상품의 가격이 떨어지고 실업자가 크게 늘어나는 등 모든 경제가 큰 환란에 빠졌지요. 그러나 루스벨트 대통령의 뉴딜 정책으로 이를 극복해 나갔어요.

10 세계 최고의 강대국 미국

2차 세계 대전의 주도적 역할을 한 승전국이 되면서 미국은 세계 강대국으로 떠올랐어요. 소련과 함께 냉전 시대의 중심으로 막강한 영향력을 행사하기도 했지요. 냉전 시대가 무너진 현대에 와서도 세계의 최강 대국으로 여전히 그 실력을 행사하고 있어요.

소개 및 국기

정식 명칭 : 오스트레일리아 연방
위치 : 오스트레일리아 대륙
  (태즈매이니아 섬도 포함)
면적 : 7,692,030km²
인구 : 19,702,000명
언어 : 영어
종교 : 기독교(천주교 26%, 성공회 24%,
  기독교 13%)
정치 : 입헌 군주제 · 연방의회제
  영국 국왕
화폐 : 호주 달러
수도 : 캔버라

　호주의 국기는 파랑의 바탕색에 영국 국기인 유니언 잭이 그려져 있고, 그 아래와 오른쪽에 모두 6개의 별이 그려져 있어요. 유니언 잭은 호주가 영국 연방에 속한 나라라는 것을 의미하며, 그 아래 커다란 7각 모양의 별은 '연방 별'로 불리며 호주 연방을 나타내요. 오른쪽의 5개의 별은 남십자성 별자리를 표시하여 호주 대륙의 위치를 나타내지요. 4개는 7각 별이지만 하나는 5각 별이라는 점이 특이해요. 1901년 공모를 통해 기의 모양이 정해져 1909년 국기로 제정되었고, 1953년 수정되어 지금의 모양이 되었어요.

호주는 영국 연방에 속해 있어요.

영국 국기 아래 7각 별이 우리 호주를 나타내지요.

호주 Australia

역사

1 오래 전부터 살던 원주민, 애버리진

3만 8000년 이전부터 동남아시아에서 이주해 온 사람들이 채집과 사냥을 하며 해안 지대와 하천변에 평화롭게 살고 있었어요. 그들은 농사를 짓거나 가축을 기르는 법을 몰랐고, 금속에 대해서도 모르는 원시적인 생활을 했지요. 호주에 살던 원주민을 '애버리진'이라고 불러요.

2 문명인이 살 만한 땅

유럽에 미지의 땅으로만 알려진 호주는 1688년 댐피어라는 영국 항해자에 의해 유럽 사람들에게 알려지기 시작했어요. 1770년 영국의 쿡 선장이 호주의 보터니 만에 상륙하여 조사해 보고 사람들이 살 만한 땅이라고 했지요.

3 시드니에 상륙한 영국 죄수들

1788년 1월 26일 영국에서 배를 타고 약 1000명 정도 되는 사람들이 현재의 시드니 항구에 상륙하였어요. 군인과 관리들도 있었지만 그들 중 70%가 넘는 사람들은 죄수들로 귀양 길에 오른 것이지요.

4 시드니의 개발과 자유 이민의 시작

그들에 의해 시드니가 개발되기 시작했어요. 1793년에는 최초의 자유 이민자 11명이 도착한 후 자유 이민이 시작되었어요. 1813년에 시드니 서쪽의 블루 산맥 너머로 광활하고 기름진 들판이 발견되어 양털 생산을 중심으로 하는 목축이 시작되었어요.

5 금광의 발견과 도시의 발달

이민으로 호주에 오는 사람이 늘어나자 1840년에는 죄수들의 귀양이 중단되었어요. 1851년에는 여러 곳에서 금광이 발견되어 중국을 비롯한 세계 각지에서 많은 사람들이 이민을 오게 되었고 여러 도시가 생겨나기 시작했어요.

6 백호주의 정책

1880년부터는 백인만의 이민을 주장하는 백호주의 정책이 펼쳐졌어요. 1888년에는 중국인 이민이 제한되었고, 1896년에는 모든 유색 인종의 이민이 금지되었어요.

7 영국으로부터 자치권을 얻다

호주에 있는 각 식민지들이 영국으로부터 자치권을 얻으려는 움직임이 일어났어요. 1855년에 뉴사우스웨일즈 주의 헌법이 영국에서 인정을 하게 되었고, 이어 다른 각 주도 주권을 확립하였어요.

8 호주 연방을 위해!

1900년에 각 주의 대표들이 회의를 하여 연방 헌법을 제정했으며, 드디어 1901년 1월 1일 영국의 자치령으로 호주 연방이 생겨나게 되었어요. 1931년에는 영국으로부터 완전 자치 승인을 얻었어요.

9 백호주의 정책의 폐지와 선진국으로의 발돋움

1939년 2차 세계 대전을 계기로 영국 대신 미국과 동맹 관계를 맺으면서 비유럽계 이민을 받아들이기 시작했고, 이어서 백호주의 정책을 폐지하였어요. 1967년에 경제 협력 개발 기구(OECD)에 가입하였고 1980년대부터 아시아·태평양 국가로 정책을 바꾸었어요.

호주! 하면 생각나는 것

2 조개껍질 모양의 시드니 오페라 하우스

호주의 시드니에는 조개껍질 모양의 오페라 하우스가 있어요. 워낙 독특한 모양이어서 건설 과정에서 많은 문제점이 드러났지만 실험으로 극복하고 원래의 모양으로 완성하였어요. 하늘과 땅 어느 각도에서 보아도 전체적인 모습이 다 보이도록 디자인했으며 내부는 콘서트 홀, 오페라 극장, 드라마 극장, 연극 무대, 브로드 워크 스튜디오, 갤러리, 레스토랑, 바, 의상실, 휴게실, 도서관 등으로 구성되어 있어요.

1 캥거루와 코알라

오세아니아 대륙은 아시아 대륙과 아메리카 대륙으로부터 고립되어 있어 독특한 동물이 많이 살고 있어요. 암컷의 배에 주머니가 있어 새끼를 넣고 다니는 캥거루와 오리 같은 주둥이와 발에 물갈퀴가 있는 오리너구리, 유칼립투스 잎을 먹고 사는 코알라, 타조 다음으로 큰 조류인 에뮤, 위험을 느끼거나 상대방을 위협할 때는 목둘레를 우산 모양으로 펼치는 목도리도마뱀 등은 호주 지역에서만 살고 있는 동물들이랍니다.

호주를 빛낸 위인들

1 맥파런 버넷 경 (1899년~1985년)

호주 빅토리아 주 출신으로 멜버른 대학에서 의학을 전공하였으며, 항생제 제조를 위한 클론 선택 이론 및 인체 조직의 면역 현상에 대한 연구로 1960년 노벨 의학상을 수상하였어요. 버넷 경은 현대 생물 공학 및 유전 공학의 기초를 제공한 것으로 평가받아요.

2 멜바 (1861년~1931년)

소프라노 가수로, 본명은 '헬렌 포터 암스트롱 미첼'이며 멜바라는 이름은 호주의 도시 멜버른에서 따온 것이에요. 처음에는 성악·피아노·이론 등 폭넓게 음악을 배웠으나 그 후 본격적으로 성악가의 길로 나섰어요. 1886년 파리·런던에서 성악을 전공하고, 1887년 브뤼셀에서 데뷔하여 세계적인 명성을 얻었어요. 그 후 런던을 중심으로 세계 각지에서 활약을 하여 안정되고 맑은 음색과 폭넓은 음역, 정확한 가창력으로 역사적인 소프라노 가수로 이름을 남겼어요.

3 루퍼트 머독 (1931년~)

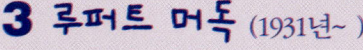

미디어 재벌로 뉴스코퍼레이션의 대표예요. 1931년 호주의 멜버른에서 태어난 루퍼트 머독은 유명한 종군 기자이자 신문 발행인이었던 아버지 크시 머독 경이 죽자 2개의 조그만 신문사를 상속받았어요. 판매 부수를 크게 늘이는 것을 시작으로 뉴욕 포스트, 런던 타임스, 20세기 폭스사, 스타TV, LA다저스(미국 프로 야구팀) 등을 거느리는 세계적인 미디어 사업가가 되었어요.

한눈에 보는 세계의 국기

부록

아하! 세계엔 이런 나라가 있군요